La bo appliquée à l'horticulture

4ᵉ édition

André Génin

Ingénieur horticole E.N.S.H.

Technique et Documentation-Lavoisier

11, rue Lavoisier — 75384 Paris Cedex 08

Remerciements

Nous remercions spécialement les organismes qui ont accepté de nous fournir des renseignements scientifiques et techniques :

• *Messieurs Lajoux et Morel* de la Station d'Angers du Comité national interprofessionnel de l'horticulture (pour la partie *les régulateurs de croissance)*

• *Madame Mulocher* du Laboratoire de recherche de physiologie végétale d'Angers (pour la partie *les multiplications* in vitro)

Avertissements de l'auteur

• *sur la nomenclature des plantes citées dans cet ouvrage*
Dans tous les cas où nous avons dû faire référence à un exemple, c'est-à-dire à un végétal donné, nous avons retenu une plante horticole citée en français ou en latin.

Nous avons respecté les règles admises par le Code International de Nomenclature Botanique.

Nous souhaitons que le lecteur prenne connaissance dès maintenant de ces modalités d'écriture exposées dans la partie **Nomenclature** (§ 113, chapitre 8, *p. 186).*

Ainsi seront évitées des confusions entre des noms de genre, d'espèce, de variété ou de cultivar, devant ou pouvant s'écrire, selon les cas, avec une majuscule ou une minuscule.

• *sur les applications horticoles*
Toutes les applications horticoles portées en marge sont signalées dans le texte par un astérisque (✿).

© **Technique et Documentation - Lavoisier, 1990**
11, rue Lavoisier - F 75384 Paris Cedex 08
ISBN : 2-85206-571-1

Table des matières

Chapitre 3

Cellules et tissus

Chapitre 4

Anatomie de l'appareil végétatif des végétaux

Chapitre 5

Physiologie végétale

Chapitre 6

La reproduction végétale

Chapitre 7

Notions de génétique

Chapitre 8

Systématique

Chapitre 9

Géographie botanique et écologie

Chapitre 1
La constitution
de l'herbier

1

Le monde végétal

11   La botanique est une science d'observation

Elle n'est pas une science abstraite.
Elle exige la connaissance des matériaux naturels qu'elle étudie et qui sont : *les végétaux*.
En effet, comment pourrait-on parler moteur sans en avoir jamais vu fonctionner ?
Comment pourrait-on parler peinture sans n'avoir jamais visité ·exposition ou galerie d'art ?
Il est donc nécessaire de connaître les matériaux que la Botanique veut étudier.

12   Il est essentiel de se familiariser avec les matériaux du monde végétal

Pour cela, il est indispensable :
de les manipuler,
de les observer profondément,
de les comparer les uns aux autres,
de les classer.

13   Pourquoi classer ces matériaux ?

Parce que l'homme veut absolument donner un nom à chaque objet et surtout le comparer à d'autres qu'il connaît déjà.
Si ce sentiment relève d'une certaine organisation sélective, il faut bien reconnaître que pour les néo-

phytes, ceci représente à la fois : difficulté et effroi devant les milliers, les dizaines de milliers de plantes différentes.

Comment franchir ces premiers obstacles ?

Avant tout, nous vous proposons de constituer un *Herbier*.

2

L'herbier

21   Qu'est-ce qu'un herbier ?

C'est une collection de plantes sèches, fixées sur une feuille de papier ou de parchemin et qui, en plus de l'aspect physique, donne en même temps :
- le nom de la famille végétale à laquelle appartient la plante ;
- le nom de la plante (genre, espèce et variété) en français et en latin ;
- le lieu et la date de la récolte ;
- la description écologique (bois, pré, terre labourée, etc., du lieu de la récolte ;
- les propriétés courantes de la plante récoltée.

Il est évident, que le plus difficile consiste en l'établissement de cette fiche de renseignements.

Commençons par la récolte.

22   La récolte des plantes

Il est essentiel de ne conserver que des végétaux le plus « entiers possible », c'est-à-dire, possédant toutes leurs parties végétatives.
- Racine (ce n'est pas toujours facile) ;
- tige, feuille, mais il est indispensable de conserver les fleurs et si possible les fruits (voir le chapitre « Systématique »).

En conséquence, la « récolte » n'est pas passagère, mais doit se dérouler durant toute l'année, au moins neuf mois par an.

23   La détermination de la plante

Cette détermination ne peut se faire sans guide, du moins au début de nos propres expériences.

Aussi, nous devrons nous munir d'une « Flore », livre plus ou moins épais, plus ou moins compliqué qui nous permettra comme un guide, de trouver le nom du végatal que nous avons récolté.

Il est essentiel d'avertir de suite le néophyte que l'opération de détermination des plantes est assez complexe et que bien souvent le résultat définitif est décevant...

Seuls, des essais successifs et beaucoup de persévérance pourront le familiariser avec ce manuel.

Mais il faut bien commencer. Alors essayons de suite avec :

La Flore de G. Bonnier

Elle vous indiquera divers procédés pour aboutir positivement.

231   Une herbe : la Bourse à Pasteur (Capsulla Bursa pastoris) : Crucifères.

Nous passerons successivement par les numéros :
1, 2, 3, 4, 506, 507, 508, 509, 510, 512, 513, 523, 526, 527, 538, 529 *(b)* et notre nom recherché apparaît.

232   Un arbuste grimpant : la Ronce Frutescente (Rubus fructicosus) : Rosacées.

Nous trouverons alors sur le chemin de notre recherche, les numéros :
1, 2, 3, 4, 5, 6, 88, 107, 112, 113, 118, 119, 120, 121 *(b)*.

233   Un arbre : le Châtaignier (Castenea vulgaris) : Cupulifères.

Nom trouvé en passant par les numéros :
1, 2, 942, 961, 1044, 1047, 1054, 1057, 1058, 1059, 1060 *(a)*.

234   Conclusions (❀)

❀
_____

La reconnaissance de la végétation spontanée d'un terrain permet d'en connaître les propriétés essentielles puisque chaque type de terre possède sa propre flore.

Nous ne voulons pas imposer la Flore de Bonnier, il en existe d'autres.

Mais l'essentiel est de savoir se servir de celle que l'on possède et surtout de mettre chacun en face des difficultés rencontrées.

Il est important de ne pas se « précipiter » ; chaque étape ne doit être franchie que dans la mesure où l'on est sûr du résultat obtenu précédemment.

Quoi qu'il en soit, l'étude du chapitre 8 *La Systématique* facilitera la détermination des végétaux.

Mais des essais peuvent être tentés et doivent être testés puisqu'il est souvent difficile de déterminer un végétal séché depuis plusieurs mois et à plus forte raison depuis plusieurs années.

24 La conservation des plantes

A la récolte, nous savons donc que tous les organes doivent être présents et indemnes.

Ceci est un travail délicat qui permet de ne rien détériorer par empressement, laissant en terre ou même sur place :

- une racine, une tige, ou plusieur feuilles.

Prenons-en d'autres.

Ensuite, il s'agit de ne rien laisser flétrir et la seule solution consiste à traiter le plus rapidement possible les végétaux après la récolte ; pour cela :

- Etaler les organes récoltés bien à plat, entre des feuilles de papier (papier-journal ou mieux papier buvard).
- Placer les feuilles ainsi préparées, dans une presse spéciale, à la rigueur entre des gros livres.
- Lorsque les végétaux sont bien secs, il suffit de les disposer sur les « planches ».

25 La préparation de la planche
(voir figure ci-après)

Il s'agit alors de disposer tous les organes récoltés le plus étalés possible en les fixant avec des attaches collantes et transparentes, afin de permettre une observation ou une comparaison facile.

Attention :

- Les végétaux séchés sont très cassants.
- Ne classez pas des végétaux pas assez secs : ils moisiraient.

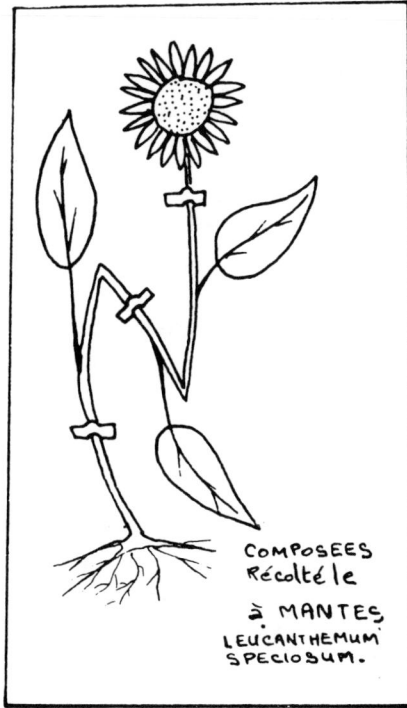

COMPOSEES
Récolté le
à MANTES
LEUCANTHEMUM
SPECIOSUM.

. . Famille
. . Date de récolte
. . Lieu de récolte
. . Nom latin

Planche d'herbier préparée

Chapitre 2
La morphologie des plantes

1
Morphologie des plantes à fleurs

11   Description

Nous avons récolté divers végétaux herbacés pour constituer notre herbier.
Nous avons observé d'autres plantes arbustives et même des arbres.
Essayons de nous rappeler ce que nous avons vu :

111   Le pommier haute tige du verger normand *(Malus communis)* qui venait d'être arraché en septembre, comprenait :

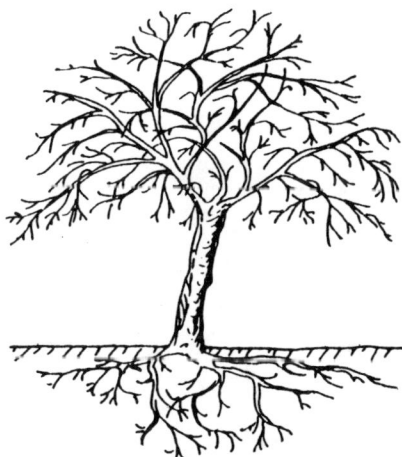

Silhouette hivernal d'un pommier haute-tige
avec ses ramifications aériennes, son tronc
et son système radiculaire

a) un système de ramifications importantes dans le sol ; c'étaient les racines principales et secondaires avec des racines plus petites ;

b) un tronc de 2 mètres environ, recouvert d'une écorce plus ou moins rugueuse avec des ramification aériennes, les branches : principales et secondaires et des petits rameaux plus ou moins gros, plus ou moins longs.
Ces petites rameaux portaient :

c) des feuilles séchées du fait de l'arrachage ;
d) des petits fruits colorés venant des fleurs, ridés et désséchés sur l'arbre comme les feuilles ; à l'intérieur se trouvaient les pépins : les graines.
Age probable : 20 ans.

112   Sur le pin sylvestre de la forêt de Fontainebleau *(Pinus sylvestris)* nous pouvions distinguer :

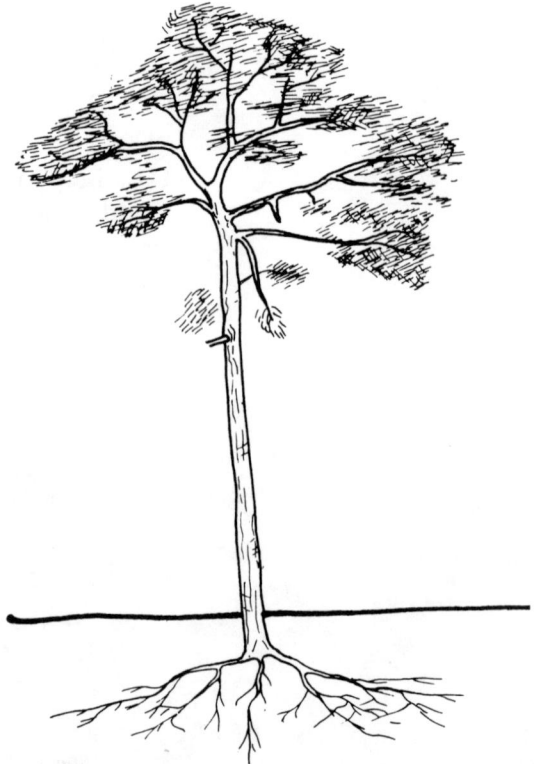

Silhouette d'un pin sylvestre

*Un pieds de tagetes
en fleur en été*

*Une touffe de blé
avec 3 tiges (chaumes)
portant feuilles et épis*

a) les racines qui se développaient superficiellement, mais possédaient aussi une racine principale verticale ;

b) un tronc dénudé de 20 mètres marqué de grandes crevasses sur l'écorce, rougeâtres, dans le sens de la longueur.
Les branches étaient étalées à son sommet et les branches basses étaient tombées ;

c) les « aiguilles » du pin, réunies par deux dans une gaine fixée sur les rameaux remplaçaient les feuilles.
Notons que l'arbre reste toujours avec ses feuilles :

d) des cônes dirigés vers le bas, de diverses formes et couleurs, selon leur âge, leur sexe (nous verrons pourquoi dans l'étude de la reproduction des Conifères) avec des graines à l'intérieur.
Age probable : 40 ans.

113 L'œillet d'Inde *(Tagetes patula)* vendu par l'horticulteur pour la plantation des massifs d'été de nos jardins, arraché, présentait :

a) une masse de terreau retenu par de nombreuses petites racines enchevêtrées ;

b) plusieurs tiges harbacées de 10 cm ramifiées et portant :

c) des feuilles opposées, découpées, dégageant une odeur caractéristique ;

d) et des fleurs jaunes ressemblant à des petits pompons (nous verrons plus loin que chacune d'elles est un ensemble de fleurs réunies sur un même support).
Semé au printemps, il a terminé son cycle de végétation avant l'hiver.
Age : moins d'un an.

114 Nous avons tiré sur un pied de blé
(Triticum sativum) dans un champ avant la moisson

Il est apparu :

a) une touffe de racines nombreuses retenant la terre.
Au dessus du sol, se trouvait :

b) plusieurs grandes tiges minces, creuses, cylindriques présentant des renflements et portant :

c) à chacun d'eux, une feuille en ruban ;

d) à son extrémité « l'épi de blé » composé de grains de blé qui étaient les graines venant des fleurs, elles-mêmes peu visibles à la floraison.

Ce blé de printemps fut semé en mars et la moisson s'effectua en été.
La végétation s'étala sur une année.

115   La graine de myosotis *(Myosotis alpestris)* semée en juin, a donné une jeune plante, qui, repiquée en août a été mise en place à l'automne

Elle comprenait :
- des racines, enchevêtrées ;
- une tige rameuse ;
- des feuilles simples plus ou moins allongées mais les fleurs bleues ne sont apparues qu'au printemps suivant et rappelons-nous que sur le même rameau florifère, plusieurs fleurs étaient réunies.

Le myosotis a donc un cycle de deux ans de végation.
Les graines formées, la plante meurt dans sa deuxième année.

Pied de myosotis
en floraison au printemps

116   La multiplication courante en horticulture n'utilise pas uniquement des graines comme pour :

- le pin sylvestre ;
- l'œillet d'Inde ;
- le blé ;
- le myosotis

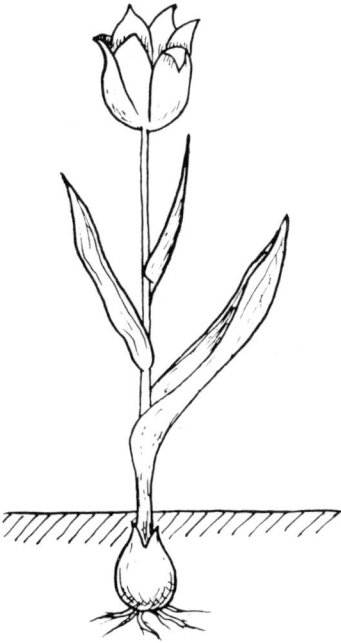

Une tulipe
avec son bulbe, ses feuilles et
sa fleur solitaire au printemps

Les tulipes *(Tulipa gesneriana)* par exemple, se cultivent à patir des bulbes (sauf pour la recherche de nouvelles variétés : voir Génétique, chapitre « hybridation »).

Un bulble planté en novembre, laisse apparaître au printemps :

a) des feuilles lancéolées ;

b) une fleur solitaire supportée par un long pédoncule floral.

A la fin de la floraison, le nouveau bulbe arraché laisse voir à sa face inférieure de nombreuses racines fines et courtes.

En laissant la fleur de tulipe mûrir sur place, nous pourrons récolter des graines à l'intérieur du fruit.

Il faut deux ans pour obtenir ces graines. Mais si nous remettons à place à l'automne, le bulbe récolté après la floraison, un nouveau cycle recommencera, donc, sans semis.

117   Enfin, un pied de lupin *(Lupinus polyphyllus)* comprend au-dessus du sol :

- une touffe de feuilles composées en forme de doigt :
- des fleurs en grappes ; des graines dans des fruits en forme de gousse (un peu comme le petit pois).

Dans le sol, une souche vivace pertétue la plante tous les ans car les parties aériennes disparaissent chaque hiver.

Touffe de lupin
issue d'une souche souterraine vivace
et portant 3 hampes florales

12   Caractères communs et description des organes

Dans ces six exemples horticoles variés, nous trouvons :
- des organes souterrains qui fixent la plante au sol : *les racines* ;
- des organes aériens ou souterrains : *les tiges* intermédiaires entre les racines et les feuilles ;
- des organes verts sur les tiges : *les feuilles* ;
- des organes de reproduction : *les fleurs* donnant en général *des fruits* puis *des graines*.

Ces organes sont rencontrés, en principe, sur toutes les plantes à fleurs. Mais nous verrons des cas particuliers où un d'entre eux cependant, peut manquer.
Cas des plantes sans tiges : les plantes acaules,
des plantes sans fruits : le pin sylvestre.
Remarquons que si la plante possède des fleurs, normalement des graines se formeront.
La graine est l'origine de la plante quel que soit le stade final. Du petit bégonia de 6 cm de haut au chêne de 30 m de haut, le processus est toujours le même.
Etudions donc la morphologie de ces différents organes.

121   La racine

C'est l'organe qui fixe la plante au sol mais également la racine y puise les matières minérales servant à son alimentation.
Si nous tirons sur une plante, nous arrachons les racines avec de la terre. (✽)
Nous avons vu des racines principales et des racines secondaires.

✽
Si la plante possède beaucoup de racines, il reste un enchevêtrement : racine + terre.
Nous aurons une plante en arrachis (Begonia gracilis).
Mais si les racines sont peu nombreuses, la terre ne tient pas et les racines sont à nu, cas extrême de la carotte (Daucus carota).

1211   Différentes parties de racines

Faisons germer des graines de pois *(Pisum sativum)* sur du papier noir, permettant une observation plus facile, et tenu humide.
Quelques jours après la mise en germination, il sort de chaque grain un axe blanc ; c'est la jeune racine ou radicule sur laquelle nous distinguons de bas en haut :

a) L'extrémité effilée, protégée par la coiffe sorte de capuchon visible à la loupe.

b) Au-dessus, une zone glabre de 2 à 3 mm, zone séparant la coiffe des poils absorbants.

c) Puis une zone garnie de poils absorbants où apparaîtront les jeunes racines ou radicelles. Cette zone est dite : zone subérifiée.

Plus tard, les radicelles croissent et deviennent les racines secondaires.

Chaque racine secondaire est constituée comme la racine principale :
- d'une coiffe,
- d'une région lisse,
- d'une zone pilifère,
- d'une région subéreuse.

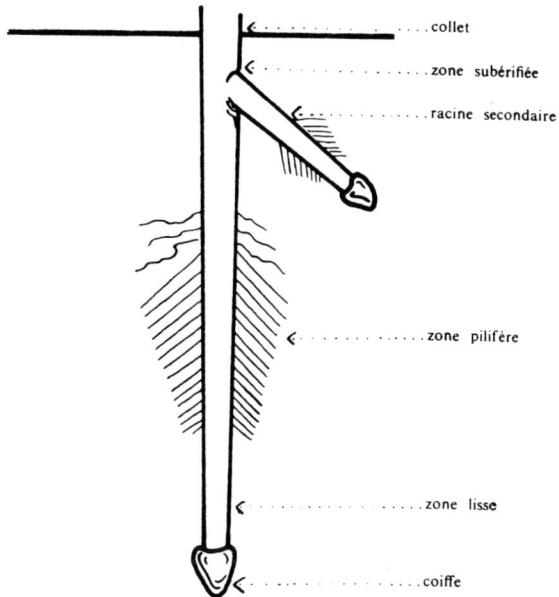

> collet
> zone subérifiée
> racine secondaire
> zone pilifère
> zone lisse
> coiffe

Différentes parties de la racine

1212 Rôle des différentes parties de la racine

a) La coiffe

Elle recouvre la pointe de la racine, appelée « apex » dc la racinc.

C'est une sorte de capuchon très résistant, de couleur foncée, et chargé de protéger la racine contre les frottements à mesure qu'elle s'enfonce dans le sol.

Sa longueur et son épaisseur sont variables selon les espèces.

Elle est constituée par des couches de cellulose qui se renouvellent au fur et à mesure de leur disparition par usure.

b) La région lisse

Elle est située au-dessus de la coiffe et est le siège de l'accroissement en longueur de la racine.

Preuve morphologique :

Traçons sur une jeune radicule, des traits horizontaux à l'encre de Chine, espacés de 1 mm, de la coiffe à la zone subéreuse comprise. Après accroissement, nous constaterons :

- que le premier millimètre correspondant en partie à la coiffe, s'est à peine accru ;
- que ce sont surtout les troisième et quatrième millimètres qui s'allongent ;
- que l'accroissement diminue progressivement pour devenir nul après le dixième millimètre.

L'allongement est donc subterminal

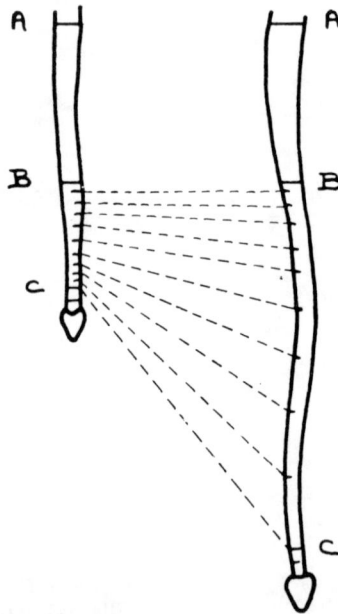

Expérience des « traits à l'encre de Chine »
montrant l'allongement subterminal de la racine

La longueur de la région lisse reste constante.

c) La zone pilifère

Cette zone garde une longueur constante durant toute la vie de la racine et de plus, reste toujours à la même distance de la coiffe.

Nous pouvons au microscope dénombrer plusieurs centaines de poils absorbants au millimètre carré de radicelles.

Mais leur vie est relativement courte : quelques jours seulement.

En effet, au fur et à mesure de l'allongement de la racine, les poils absorbants les plus âgés (partie supérieure) tombent et d'autres naissent à la partie inférieure.

Vu leur nombre et leur forme, la surface développée des poils absorbants est très importante.

A remarquer qu'il n'existe pas de poils abosrbants sur les racines aériennes.

d) La zone subéreuse
Siège des ramifications secondaires de la racine.

e) Le collet, enfin, zone de transition entre la racine et la tige (❀).

1213 Différentes sortes de racines et leur adaptation au milieu

Les exemples que nous avons pris pour observer la morphologie des plantes à fleurs nous ont montré qu'il pouvait déjà exister des racines principales importantes avec peu de racines secondaires, (cas du pin) ou le contraire (cas du blé).

Nous connaissons tous, les racines du lierre *(Hedera helix)* qui fixent la plante aux murs, aux troncs d'arbres : elles sont aériennes.

Ce ne sont que trois cas. Il en existe bien d'autres. Etudions-les.

■ *Racines souterraines*
Dans le cas du chêne *(Quercus sessiliflora)*, du salsifis (Tragopogon porrifolius), de la fève (Vicia faba), les

❀
_____

La racine s'enfonce dans le sol, il faut lui faciliter son travail par des labours et des défoncements qui ameubliront le terrain de culture.

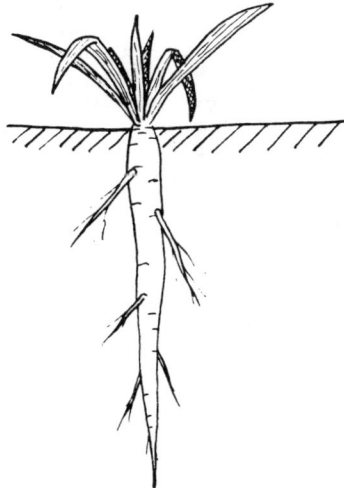

La racine pivotante du salsifis

Les racines pivotantes épuisent le sol en profondeur.
Les sols caillouteux rendent les racines pivotantes fourchues ou tordues.
Avant une culture de plantes à racines pivotantes, les labours seront profonds.

❀ ❀
Les racines fasciculées épuisent le sol en surface.
Le système radiculaire fasciculé facilitant la « reprise » lors de la plantation des végétaux, c'est la raison pour laquelle à chaque repiquage, chaque transplantation en pépinière, l'horticulteur coupe le pivot des racines afin d'assurer le développement des racines fasciculées : une des explications de l'habillage.

❀ ❀ ❀
Les maraîchers cultivent de nombreuses racines tubéreuses pour la consommation : betterave rouge (Beta vulgaris), navet (Brassica napus).

racines secondaires sont beaucoup moins grosses que la racine principale.

Nous avons alors des racines pivotantes (❀).

Elles descendent verticalement dans le sol, d'autant mieux qu'elles ne rencontrent pas d'obstacles (pierres, etc.).

Dans le cas des graminées : blé *(Triticum sativum)*, du ricin *(Ricinus communis)*, du bégonia *(gracilis)*, les racines secondaires sont plus importantes que le pivot : ce sont alors des racines fasciculées (❀ ❀).

Pour les graminées, initialement la racine est pivotante mais après l'avortement du pivot, le système radiculaire devient fasciculé.

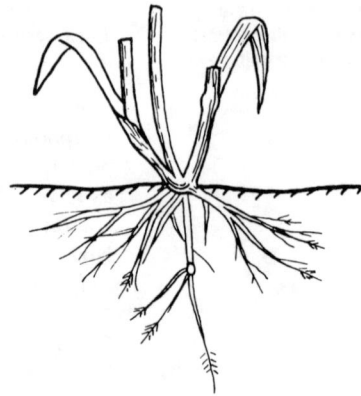

La racine fasciculée du blé

Si les racines fasciculées restent en surface et deviennent très longues ce sont des *racines traçantes*, cas de la vigne *(Vitis vinifera)*.

Souvent la plante emmagasine des matières de réserve dans ses racines, qui s'hypertrophient. Elles deviennent alors des racines tubéreuses (❀ ❀ ❀).

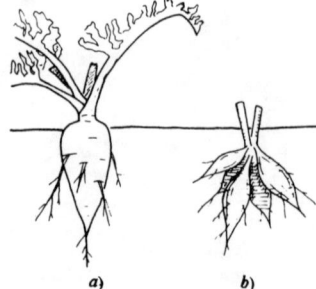

La racine tubéreuse
a) pivotante *de la carotte* – b) fasciculée *du dahlia*

Nous pouvons rencontrer :
- des racines fasciculées tubéreuses : dahlia *(Dahlia hortensis)* ;
- des racines pivotantes tubéreuses : radis *(Raphanus sativus)*, carotte *(Daucus carota)*.

■ *Racines adventives*
Elles apparaissent sans ordre, soit :

❀

Les maraîchers utilisent parfois ce marcottage naturel comme procédé de multiplication du fraisier.

□ sur des tiges aériennes rampantes : la tige aérienne du fraisier *(Fragaria vesca)* émet des filets appelés « stolons » ou « coulants » qui s'allongent et portent de distance en distance des nœuds d'où sortent des feuilles. Ces nœuds finissent par prendre racines (❀).

Les racines adventives sur tige aérienne rampante du fraisier

❀ ❀

Si pour le lierre (Hedera helix) les racines-crampons permettent à la plante de grimper, on lui reproche aussi de détériorer les enduits de ciment.
On lui préfère pour cette raison et dans certain cas : de la vigne vierge (Ampelopsis veitchii) dont les « ventouses » de fixation, sont des feuilles modifiées et restent en surface.
Certaines plantes d'origine tropicale ou équatoriale possèdent des racines aériennes pendantes : philodendron (Philodendron pertusum ou Monstera deliciosa) orchidacées (Cattleya, Vanda, Cymbidium).
Leur rôle étant de fixer l'humidité de l'air, il ne faut ni les couper, ni les laisser dans une atmosphère desséchée.

□ sur des tiges aériennes grimpantes : le lierre *(Hedera helix)*, par exemple, émet des sortes de campons qui pénètrent dans les interstices de l'écorce des troncs d'arbres, dans les pierres des murs. Ces crampons deviennent de véritables racines en milieu favorable (❀ ❀).

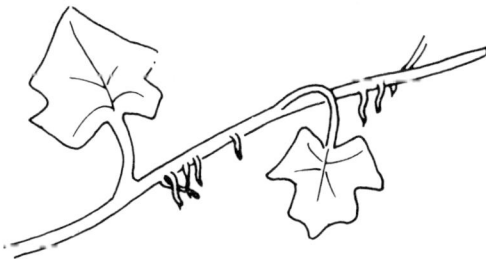

Les racines adventives sur tige aérienne grimpante du lierre

□ sur des tiges souterraines ou mises en terre) : une tige enterrée peut émettre, dans certaines conditions, des racines adventives : chiendent *(Agropyrum repens)*, iris (entre autres : *Iris Kaempferi, Iris pumila* (✸).

❀
_____

Cette possibilité est largement utilisée par l'horticulteur.
- Graminées d'une pelouse que l'on roule pour faciliter le « tallage ».
- Haricots *(Phaseolus vulgaris)* que l'on butte, facilitant ainsi le développement du système radiculaire.
- Caoutchouc *(Ficus elastica)* que l'on marcotte.
- Très nombreuses plantes que l'on bouture.

Dans certains cas, des feuilles *(Begonia Rex, Saintpaulia ionantha)* réagissent comme des tiges. Notons que le développement des racines adventives est facilité par l'application de divers produits chimiques (voir chap. sur la reproduction asexuée).

Les racines aériennes pendantes du philodendron

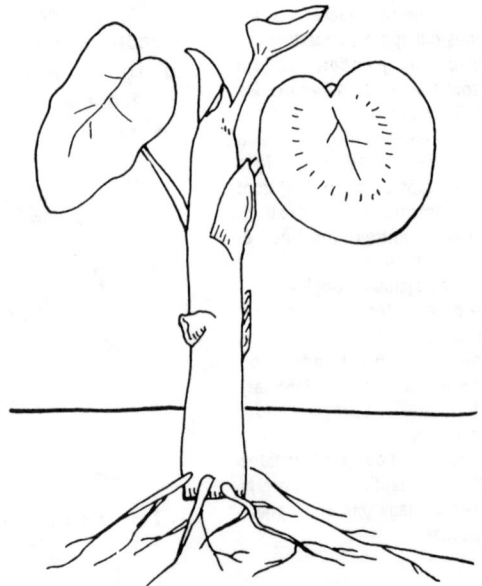

Les racines adventives sur tige aérienne mise en terre bouture de pélargonimum

■ *Racines aquatiques*
Certaines plantes ont leurs racines dans l'eau.
Dans ce cas, les racines sont plutôt longues et surtout ne possèdent pas de poils absorbants : lentille d'eau *(Lemma Gibba)*, nénuphar *(Nymphea)*, cresson de fontaine *(Nasturtium officinale)*.
Pour le cresson de fontaine, les racines adventives se développent à partir des bourgeons axillaires des tiges aquatiques.

■ *Racines épithytes*
Chez certaines orchidées tropicales, les racines fixent la plante sur les branches d'arbres lui servant de support. Ce n'est pas du parasitisme *(Platycerium alcicorne)*.

■ *Racines endophytes*
Ce sont les racines des plantes parasites qui fixent le végétal sur son hôte pour y puiser la sève qui lui est nécesaire :
- cas du gui sur pommier *(Viscum album)*, de la cuscute sur luzerne *(Cuscuta)*.

122   La tige

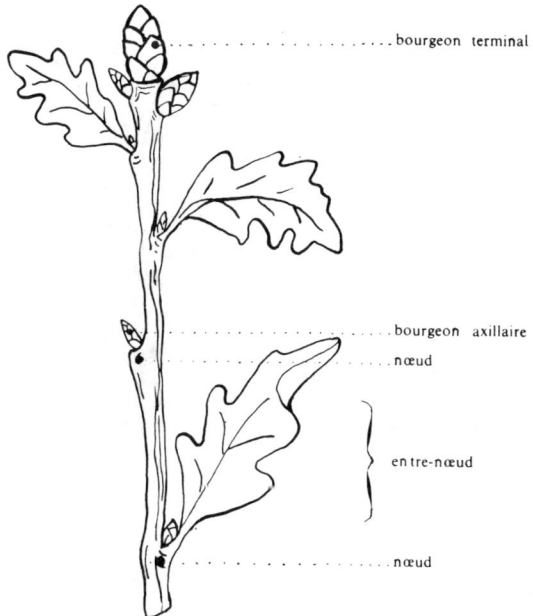

Les différentes parties d'une tige

La tige est la partie aérienne de la plante qui porte les feuilles et les organes reproducteurs (fleurs, fruits, graines).

C'est un organe chlorophyllien (vert), du moins pour les tiges annuelles.

1221 Différentes parties de la tige

a) La limite entre la racine et la tige s'appelle : *collet* (❀).

❀
Par définition, à la plantation, le collet se trouvera au niveau du sol.

b) L'intervalle compris entre deux feuilles est un entre-nœud et par définition il n'y a jamais de feuille sur un entre-nœud.

Les entre-nœuds diminuent progressivement de longueur à mesure qu'on se rapproche du sommet de la tige.

Lorsque les entre-nœuds sont réduits au minimum, les feuilles sont insérées l'une à côté de l'autre, elles se recouvrent : nous avons alors un bourgeon.

d) A l'extrémité de la tige, se trouve : le bourgeon terminal (❀ ❀).

❀ ❀
Ordinairement petit, il peut s'hypertrophier et se gorger de réserves alimentaires : chou pommé *(Brassica oleracea capitata ou bullata).*

Les bourgeons axillaires hypertrophiés du chou de Bruxelles
Le bourgeon terminal hypertrophié du chou pommé

❀ ❀ ❀
1. L'arboriculteur aura intérêt à faire développer les bourgeons axillaires :
- le plus tôt possible,
- en bourgeons à fruits et non à bois.

C'est un des buts de la taille fruitière.

2. Le maraîcher profite du développement hypertrophié des bourgeons axillaires du chou de bruxelles : petites feuilles très nombreuses.

e) A l'aisselle de chaque feuille, apparaît :
- *un bourgeon axillaire* qui donne naissance tôt ou tard aux rameaux portant des feuilles : bourgeons à bois, ou des fleurs : bourgeons à fruits. (❀ ❀ ❀)

f) Les feuilles étant disposées sur les tiges selon un
ordre précis (voir chap. « Phyllotaxie ») les bourgeons
axillaires suivent donc le même ordre.

Mais d'autres, appelée *bourgeons adventifs* (❀) sont
répartis sans ordre.

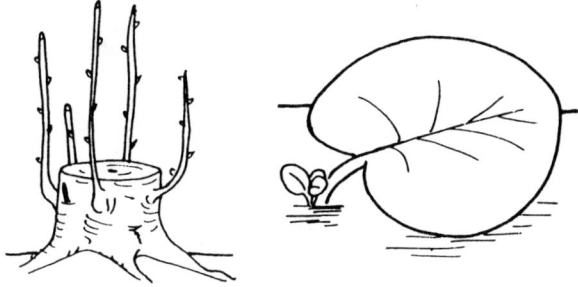

*Une forte tige rabattue permet le démarrage des bourgeons
adventifs : recépage du prunier
Démarrage des bourgeons adventifs sur bouture de feuille de
saintpaulia*

g) Normalement le bourgeon ne donne naissance à un
jeune rameau que l'année qui suivra sa formation. Mais
par suite d'accident (branche cassée) le bourgeon le
plus haut placé avant la cassure (quelquefois les deux
ou trois bourgeons supérieurs) démarrent dans la même
année.

On les appelle des bourgeons anticipés. (❀ ❀)

1222 Rôle des différents parties de la tige et son allongement

La tige sert de liaison entre les racines et les feuilles
(voir circulation de la sève dans le chapitre 5 :
Physiologie).

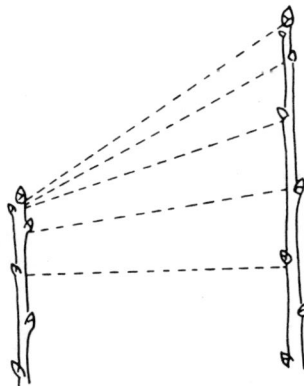

Allongement terminal et intercalaire de la tige

Les bourgeons sont des rameaux à l'état embryonnaire. S'il doivent passer l'hiver (arbres, arbustes, plantes vivaces, etc.) ils sont recouverts d'écailles protectrices. Par simple observation, on constate que l'allongement de la tige est différent de celui de la racine.

a) Le bourgeon terminal s'ouvre, les jeunes feuilles qui le constituaient, s'étalent et la pointe (apex) de la tige, monte.
Il y a donc *allongement terminal*.

b) Les entre-nœuds d'abord très courts dans le bourgeon, grandissent peu à peu jusqu'à atteindre leur longueur définitive.
Il y a aussi *allongement intercalaire*.
Une plante sans tige est dite : acaule : poireau *(Allium porrum)*, pissenlit (Taraxacum dens leonis), carotte *(Daucus carota)* du moins jusqu'à la floraison où une tige pousse pour porter les fleurs (❀).

Le pissenlit : plante acaule

❀
_____

Les applications horticoles les plus courantes agissant sur l'allongement des tiges utilisent des régulateurs de croissance dont les effets se développent :

■ soit par inhibition de l'allongement des entrenœuds avec des produits dits « nanifiants », tels
. le chlormequat (le Cycocel p. ex.)
. le daminozide (l'Alar p. ex.)
. le paclobutrazol (le Bonzi p. ex.)
Sont ainsi traitées les plantes à massifs et certaines plantes en pots (Hortensia : hydrangea macrophylla. Impatiens de Nouvelle Guinée : Impatiens hawkeri. Gardenia : gardenia jasminoïdes. Hibiscus : hibiscus rosa sinensis).

Il est évident qu'un « nanifiant » devra être appliqué sur des organes jeunes, dès le début de l'allongement des pousses (pousses de 2 à 3 cm p. ex.).

■ soit par réduction de la dominance apicale ce qui facilite le développement des pousses axillaires. La plante est moins haute et devient plus touffue.

Dans le cas extrême d'une destruction du méristème apical nous aurons réalisé un véritable « pincement chimique ».

Un de ces régulateurs est le dikegulac (l'atrinal p. ex.).

Cette utilisation est limitée en France, on la rencontre sur le fushsia (Fuchsia ricartonii). Elle est plus fréquente en Belgique sur l'Azalée (Azalea indica).

Les régulateurs de croissance s'appliquent par pulvérisations ou par arrosages.

L'absorption s'effectue par les feuilles ou par les racines.

Le coût des interventions est relativement faible mais l'emploi de ces traitements n'est pas encore d'une application généralisée.

Un excès de produit actif risque de provoquer des blocages de végétation. Un apport insuffisant le rend inefficace.

Si les traitements en serre sont encore maîtrisables il n'en est pas de même pour les cultures de plein air. Le ruissellement du produit par la pluie peut amener une forte remanence dans le sol d'où une difficulté pour les applications sur les haies.

Autre exemple : les nanifiants sur gazon sont délicats dans l'obtention des résultats car ils touchent un ensemble d'espèces de graminées pas toujours au même stade végétatif d'où des résultats très variables d'une espèce à l'autre et un aspect anarchique de la pelouse.

Essai de 2 nouveaux réducteurs de croissance (Bonzi et Exp 30054) sur plantes à massif (Pelargonium zonale « topscore »).
(Document CNIH)

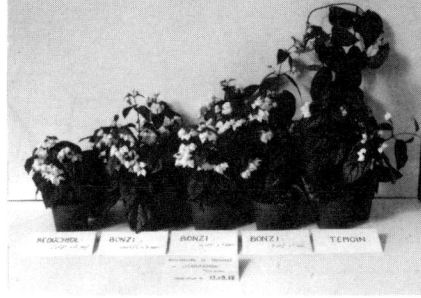

Essai d'un nouveau réducteur de croissance (Bonzi) sur le Clerodendron thomsonae.
(Document CNIH)

1223 *Différentes sortes de tiges et leur adaptation au milieu*

Comme pour les racines, les tiges se sont adaptées au milieu dans lequel elles vivent et peuvent se classer en trois catégories :
- celles vivant dans l'air,
- celles vivant dans la terre,
- celles vivant dans l'eau.

a) Tiges aériennes

Les tiges sont en général dressées.
Nous rencontrons dans ce groupe :
- les tiges herbacées,
- les troncs ligneux d'arbres,
- les stipes non ramifiés des palmiers,
- les chaumes creux et cylindriques des céréales (✤).
- Certaines tiges aériennes sont rampantes comme les stolons de fraisier *(Fragaria vesca)*.
- D'autres tiges peuvent être grimpantes.
Dans ce cas, il existe plusieurs modes de fixation de la tige :
- soit par vrilles : pois *(Pisum stativum)*, vigne *(Vitis vinifera)*.
- soit par racines crampons : lierre *(Hedera helix)*,

✤

C'est la hauteur et le point de départ des ramifications des troncs qui permettent de classer certains végétaux.
- Si le tronc a plus de 5 m, les premières ramifications démarrant au-dessus de 2 m, le végétal est un *arbre* : chêne *(Quercus)*, hêtre *(Fagus)*.
- Si les ramifications démarrent du sol et que le végétal mesure de 2 à 5 m de haut, c'est un *arbrisseau* : Laurier cerise *(Prunus laurocerasus)*.
- Si les ramifications démarrent du sol et que le végétal mesure 2 m au maximum, c'est un *arbuste (Spiraea x vanhouttei)*.

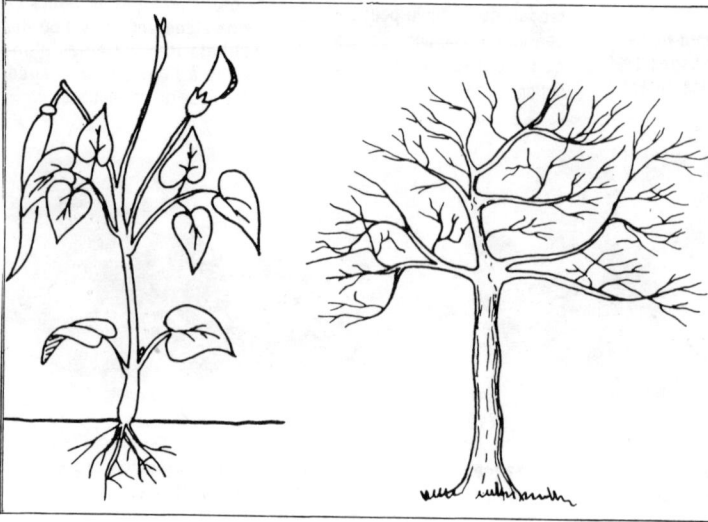

La tige herbacée du haricot

Le tronc du chêne

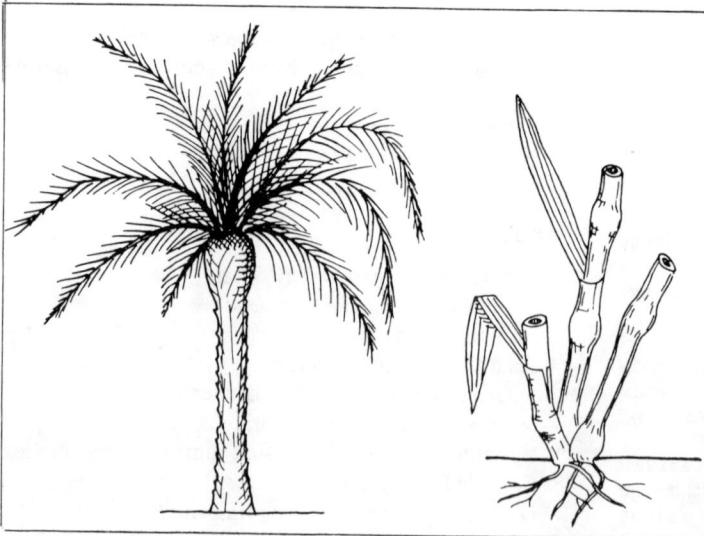

Le stipe du palmier

Le chaume du blé

Les tiges aériennes dressées

La tige grimpante fixée par les ventouses de la vigne vierge

La tige grimpante volubile du liseron

❀)

Du mode de fixation des tiges grimpantes, dépend la nécessité ou non d'un palissage de soutien :
On ne palisse pas la vigne vierge *(Ampelopsis orientalis)*, le lierre *(Hedera helix)*
On tuteure les pois (Pisum sativum) dits « à rames ».
On palisse les glycines (Wisteria sinensis)

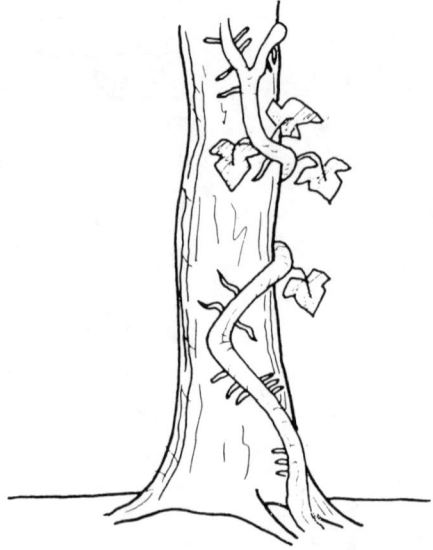

La tige grimpante fixée par les racines crampons du lierre

- soit par ventouses : vigne vierge *(Ampelopsis veitchii*
- soit en s'enroulant autour d'un support : liseron *(Convolvulus)*, glycine *(Wistaria)*.

Notons que ces plantes, dites volubiles s'enroulent toujours dans le même sens.

Le chevrefeuille *(Lonicera caprifolium)*	De droite
Le polygonum *(Polygonum baldschuanicum)*	à gauche (Senestrorsum)
La glycine *(Wistaria floribunda)*	
La jasmin *(Jasminum fruticans)*	de gauche
La glycine *(Wistaria sinensis)*	à droite
(❀)	(Dextrorsum)

❀ ❀

Les rhizomes pouvant émettre des bourgeons adventifs, dans certains cas, un fragment de cet organe peut redonner un nouvel individu : véritable bouturage de tige naturel ; c'est le cas du chiendent dont nous devrons extraire du sol tous les fragments de rhizomes pour obtenir un travail de nettoyage du sol efficace.

b) Tiges souterraines
On en rencontre trois groupes distincts :

☐ *Les rhizomes* : ce sont des tiges allongées horizontalement et garnies de racines latérales. A l'extrémité du rhizome, un bourgeon donne la partie aérienne annuelle ; à sa chute il reste une cicatrice. C'est le cas de l'iris *(Iris Kaempferi)*, du muguet *(Convalaria majalis)*, de la fougère *(Polypodium glaucum)*, du chiendent *(Agropyrum repens)* (❀ ❀).

❀

Ces tubercules gorgés de réserves alimentaires, sont cultivés par les floriculteurs, les maraîchers et les agriculteurs.

□ *Les tubercules* : ce sont des tiges renflées et remplies de matières de réserve. Preuve que ces renflements sont des tiges souterraines et non des racines, la présence d'yeux sur les tubercules, yeux disposés d'une manière régulière :
pomme de terre *(Solanum tuberosum)*,
topinambour *(Helianthus tuberosus)*,
Crosne du Japon *(Stachys sieboldii).* (❀)

□ *Les bulbes* : ce sont des tiges courtes recouvertes de feuilles imbriquées. Selon l'organe (tige ou feuille) qui stocke les matières de réserve, nous rencontrons :

1) Les bulbes écailleux : réserves dans les tiges qui sont renflées.

Le plateau reste tous les ans et possède à sa face inférieure des racines adventives. Les feuilles sont transformées en écailles minces et proviennent du développement annuel du bourgeon. De plus, elles sont libres entre elles : cas du lis (Lilium candidum).

2) Les bulbes tuniqués ou foliaires : où la tige est peu développée.
- Une unité végétative dure un an.
- Le plateau porte un bourgeon terminal, de nombreuses racines adventives et des feuilles épaisses qui servent de réserves pour l'année.

❀ ❀

Dans le cas de bulbes tuniqués de tulipe, le bulbe arraché après la floraison n'est pas celui que l'on avait planté l'automne.

A partir d'un bourgeon à l'aisselle d'une écaille, il se forme une nouvelle unité végétative, l'ancienne se résorbant : cas de l'oignon *(Allium cepa)* et de la tulipe *(Tulipa X)* (❀❀).

Parfois, ce sont les bourgeons axillaires qui se développent en formant alors des caïeux : cas de l'ail (Allium sativum).

3) Les bulbes pleins ou cormus qui se présentent sous la forme de tige renflée, sorte de rhizome très court, d'aspect bulbeux : cas du glaïeul *(Gladiolus)* et du safran *(Crocus sativus)*.
Les réserves se trouvent dans la tige.

c) Tiges aquatiques

Dans ce cas, les tiges renferment des cavités contenant de l'air et leur permettant de flotter : cas du nénuphar *(Numphea alba*, entre autres).

Remarque : certaines tiges peuvent modifier leur structure pour constituer des réserves d'eau, indispensables à la plante à certaines périodes sèches : cas des cactées.

Rhizome du polypode

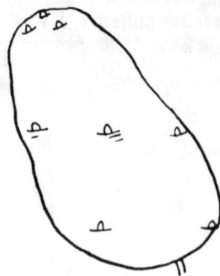

Tubercule de la pomme de terre

Bulbe écailleux du lis

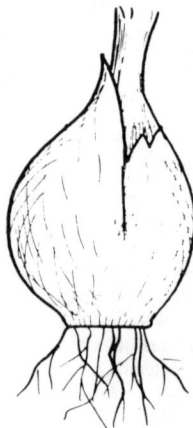

Bulbe tuniqué de la tulipe

Bulbe plein ou cormus du glaïeul

Les tiges souterraines

123 La feuille

1231 Différentes parties de la feuille

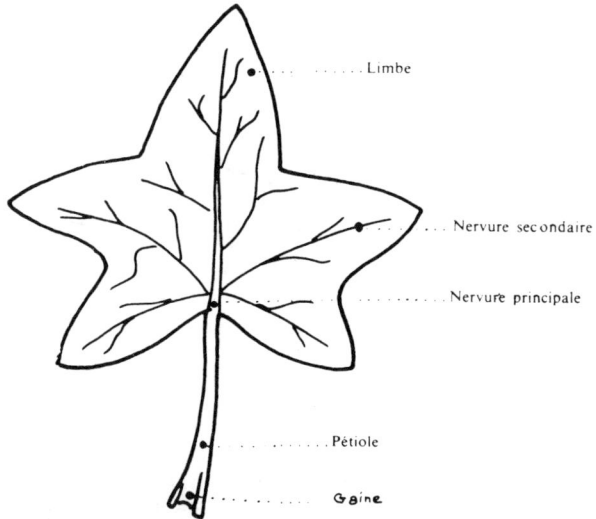

La feuille et ses différentes parties

a) Principalement composée d'une lame verte, plate, plus ou moins découpée et soutenue par des nervures : *c'est le limbe.*
Il est généralement d'une couleur plus foncée sur la face exposée au soleil qu'en dessous (myosotis).
Il possède des nervures qui ont toutes, la même importance (blé), ou qui se divisent en nervure principale et nervures secondaires : myosotis, œillets d'Inde *(Tagètes).*
Dans certains cas, les limbes sont réduits à l'état d'aiguilles : pin sylvestre *(Pinus sylvestris).*
Le limbe peut être d'une seule pièce ou en plusieurs parties (voir « Conformation des feuilles »). La feuille est alors composée et comporte plusieurs folioles (lupin).
Nous reconnaîtrons un foliole au fait qu'il ne porte jamais de bourgeons axillaires à sa base.

b) Le limbe est supporté par une « queue » *le pétiole.*
Il n'existe pas toujours : *la feuille est alors sessile* (chèvrefeuille (Lonicera sempervirens), iris…).
Sur une feuille composée, les folioles peuvent aussi être sessiles.

c) Le pétiole peut se dilater à sa base pour former une gaine qui s'inscrit au nœud de la tige.
Si la gaine entoure complètement la tige, *la feuille est engainante* : cas du blé *(Triticum sativum).*

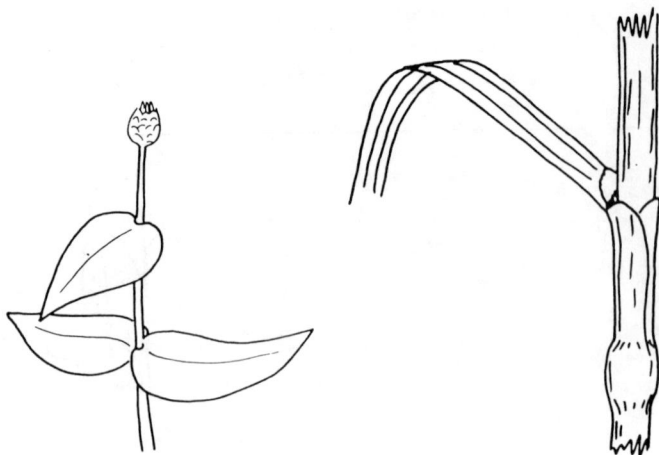

La feuille sessile du Zinnia
La feuille engainante du blé

d) La gaine peut parfois donner naissance à deux lamelles vertes : les stipules (rosier (rosa canina), fraisier (fragaria vesca).

Ces stipules peuvent persister durant toute la vie de la feuille ou disparaître après son épanouissement.

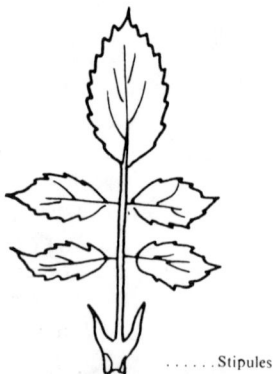

. . . . . .Stipules

Les stipules de la feuille de rosier

1232 Rôle des différentes parties de la feuille

L'horticulteur cherchera le plus souvent à obtenir le maximum de surface foliaire nécessaire à la plante.

Le limbe possède le rôle le plus important. Parfois modifié, mais jamais absent il est le laboratoire de la plante (voir chap. 6 « Physiologie des plantes »).

Le limbe est toujours orienté pour recevoir le maximum de lumière.

Les feuilles ont une croissance terminale et intercalaire. (✿)

1233 Différentes sortes de feuilles

Les feuilles sont les parties de la plante qui varient le plus et plusieurs critères permettent de les classer.

Ce sont :

a) Leur conformation. Elles peuvent être :
- *simples* : platane *(Platanus occidentalis)*, saule *(Salix babylonica)*

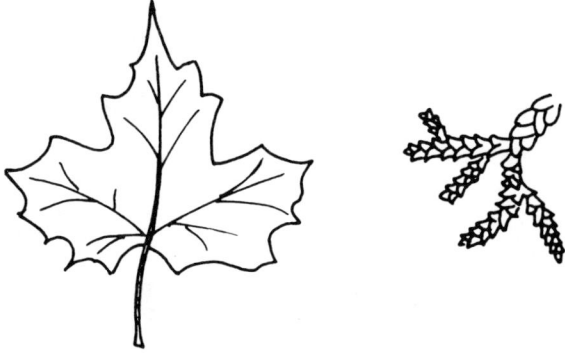

La feuille simple du platane
Les feuilles en écailles du thuya

- *en écailles* : *(Thuya Lobbii)*,
- *composées* : avec plusieurs folioles.

Ces feuilles composées sont :
- *palmées* : si les folioles s'insèrent au même point : marronnier *(Aesculus hippocastanum)* ;
- *pennées* : si les folioles s'opposent deux à deux.

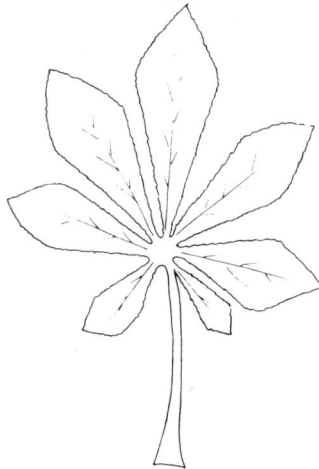

La feuille palmée de marronnier

Les feuilles composées pennées peuvent avoir :
- les folioles en nombre pair : feuilles *paripennées (Gleditschia triacanthos)* ;
- les folioles en nombre impair (une foliole supplémentaire, dite apicale, à l'extrémité) feuilles *imparipennées* : noyer *(Juglans regia)*, rosier *(Rosa canina)*.

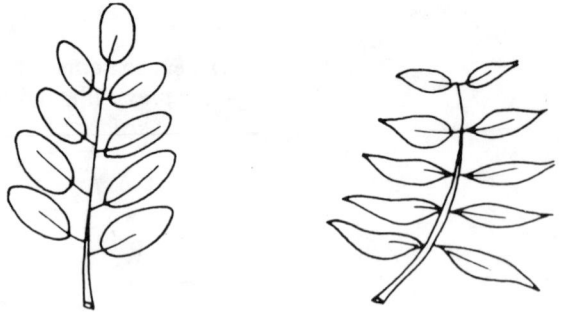

La feuille imparipennée de l'acacia
La feuille paripennée du gledistchia

b) Leur position

Les feuilles sont disposées sur la tige selon un ordre précis ; cette répartition s'appelle *la phyllotaxie*. Elle dépend de l'action des tissus jeunes (méristèmes) des bourgeons.

Les feuilles isolées s'insèrent une à une sur la tige : elles sont alternes : tilleul *(Tilia argentea)*

Les feuilles opposées sont disposées l'une en face de l'autre. Elles sont opposées décussées lorsque les points d'insertion pivotent de 90° : feuilles en croix 2 par 2 : Sauge *(Salvia splendens)*.

Les feuilles peuvent être insérées par groupes de plus de 2 à la même hauteur :
- si elles sont réparties tout autour de l'axe, elles sont verticillées : laurier-rose *(Nerium oleander)*.
- si elles sont réunies au même point, elles sont fasciculées : berberis *(Berberis stenophylla)*.

Le plus souvent, elles sont alternes.

En réunissant la base des pétioles par un fil passant par la feuille immédiatement supérieure, nous obtenons une spirale.

Pour rencontrer deux feuilles verticalement l'une au-dessus de l'autre, il faut :

x tours de tige (1 tour : 360 degrés)
et y feuilles.

Le rapport x/y donne l'angle entre deux feuilles successives. C'est la divergence des feuilles.

Ainsi nous rencontrons les rapports :

1/2 : blé *(Triticum sativum)*, orme *(Ulmus americana)*, tilleul *(Tilia argentea)*.

1/3 : bouleau *(Betula alba)*.

2/5 : cas le plus fréquent : chêne *(Quercus sessili flora)*, pommier *(Malus communis)*, poirier *(Pyrus communis)*, prunier *(Prunus domestica)*.

Il existe aussi des rapports 3/8, 5/13, etc.

Les feuilles reçoivent ainsi le maximum de lumière.

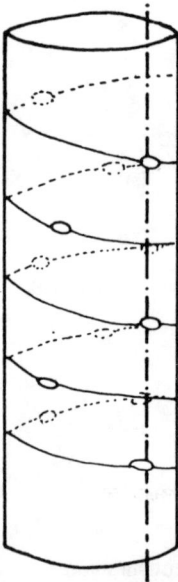

La phyllotaxie
Cas du pommier. Pour retrouver la feuille verticalement supérieure on compte 5 feuilles en faisant 2 tours de tige soit 2/5.

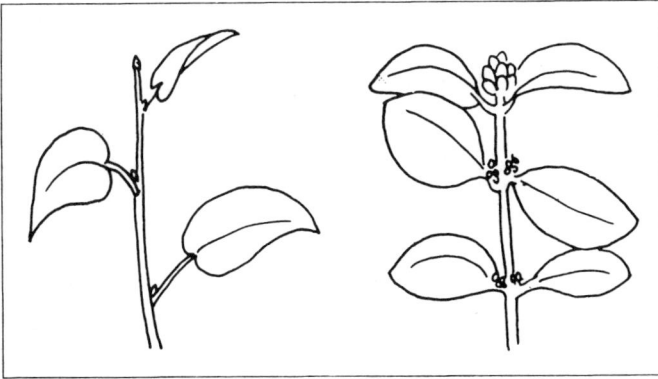

Les feuilles alternes du poirier   Les feuilles opposées du buis

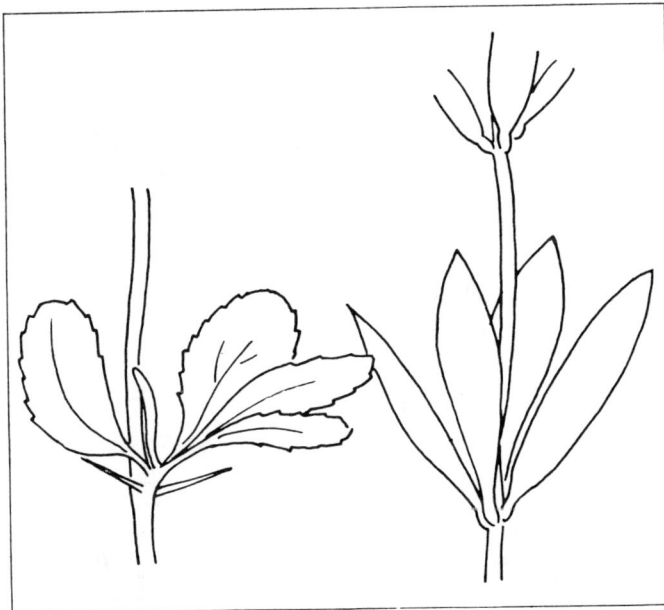

Les feuilles fasciculées du berberis   Les feuilles verticillées du laurier rose

La position des feuilles

Allongée : viburnum

Acuminée :
bouleau

Digité : lupin

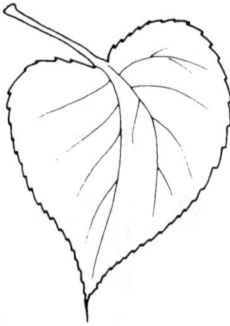

Cordiforme :
tilleul

Elliptique :
muguet

Ensiforme: iris

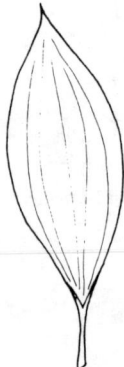

La forme des feuilles

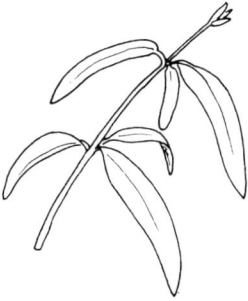

Lancéolée :
laurier rose

Linéaire :
œillet

Oblongue :
troëne

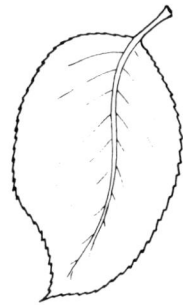

Ovale :
poirier

La forme des feuilles

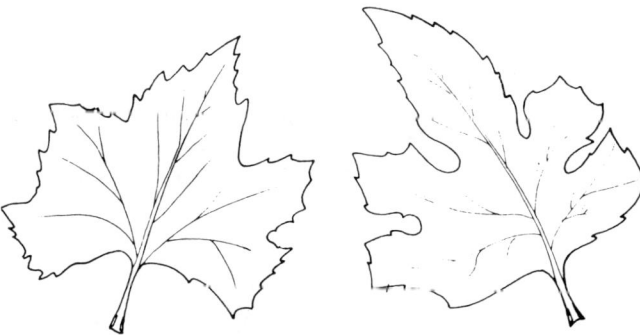

2 feuilles de platanes

Le polymorphisme des feuilles

c) Leur forme

La diversité des formes des feuilles est très grande.
Nous n'en donnerons que les types les plus courants :

Acuminée (se rétrécissant en pointe) : bouleau *(Betula alba)*.

Allongée : viburnum *(V. rhithydophyllum)*.

Cordiforme (forme de cœur) : tilleul *(Tilia argentea)* violette *(Viola cornuta)*.

Digitée (forme de doigts) : lupin *(Lupinus polyphyllus)*.

Elliptique : muguet *(Convallaria majalis)*.

Ensiforme (forme d'épée) : iris.

Lancéolée : laurier-rose *(Nerium oleander)*.

Linéaire : œillet *(Dianthus caryophyllus)*.

Oblongue (ovale allongé) : troène *(Ligustrum ovalifolium)*.

Ovale : poirier *(Pyrus communis)*, etc.

Notons de plus que le même végétal peut parfois posséder des feuilles de forme nettement différente : c'est le polymorphisme des feuilles : platane *(Platanus occidentalis)*.

d) Leurs découpures

Aussi variées que leurs formes, elles sont plus ou moins profondes.

Entière (sans découpure) : caoutchouc *(Ficus elastica)*, lilas *(Syringa vulgaris)*, hêtre *(Fagus sylvatica)*.

Dentelée (cran fin) : ortie *(Urtica dioïca)*, chataignier *(Castanea sativa)*, peuplier *(Populus nigra)*.

Sinuée (petit lobe arrondi) : chêne *(Quercus sessiliflora)*.

Lobée (lobe profond à moitié du limbe) : lierre *(Hedera helix)*, platane *(Platanus occidentalis)*.

Crénelée : violette *(Viola cornuta)*.

Incisée : (incisions irrégulières) chrysanthème *(Chrysanthemum indicum)*, etc.

e) Leur nervation

C'est la disposition des nervures sur le limbe.
Elle peut être pennée (en arête de poisson) feuille penninerve, cas le plus fréquent : cerisier *(Prunus cerasus)* chêne *(Quercus sessiliflora)*, poirier *(Pyrus communis)*.

La feuille *penninerve* du cerisier

La feuille entière du ficus

La feuille dentelée du chataîgnier

La feuille sinuée du chêne

La feuille lobée du platane

La feuille crénelée de la violette

La feuille incisée du chrysanthème

Les découpures des feuilles

Elle peut être palmée, feuille palmatinerve : lierre *(Hedera helix)* marrronnier *(Aesculus hippocastanum)*, érable *(Acer platanoïdes)*, vigne *(Vitis vinifera)*.
Elle peut être parallèle, feuille parallélinerve : monocotylédones *(graminées, etc.)*.

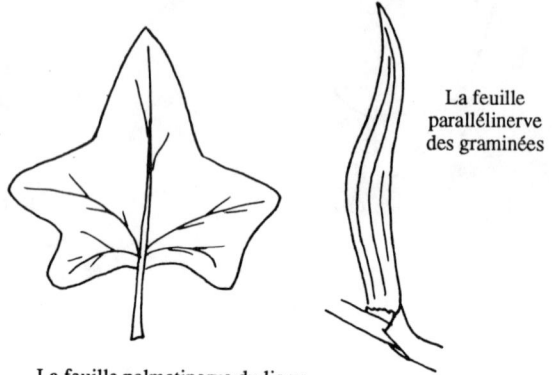

La feuille parallélinerve des graminées

La feuille palmatinerve du lierre

La nervation des feuilles

f) Leur insertion sur la tige

En l'absence de pétiole, nous pourrons, en particulier, distinguer :
Les *feuilles sessiles*, sans pétiole : cytise *(Cytisus sessilifolius)*.
Les *feuilles engainantes*, emboitées les unes dans les autres : glaïeul *(Gladiolus)* poireau *(Allium porrum)*.
Les *feuilles embrassantes*, cas où le limbe faisant le tour de la tige n'est soudé à elle qu'au point d'insertion : Pavot *(Papaver nudicaule)*.

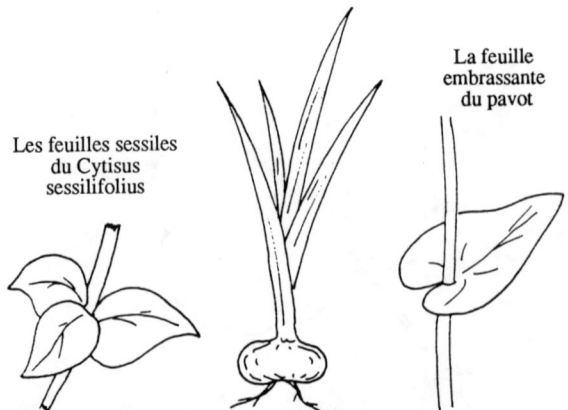

La feuille embrassante du pavot

Les feuilles sessiles du Cytisus sessilifolius

Les feuilles engaînantes du glaïeul

L'insertion des feuilles sur la tige

g) Leur couleur .

Ce caractère très utile en arboriculture d'ornement, peut aller par nuances très légères du vert jusqu'aux feuilles pourpres, dorées, etc. (❀).

h) Leurs poils

Une feuille sans poil, est dite *glabre* ; possédant quelques poils, *tomenteuse*, avec un duvet, *pubescente*.
Conclusion. Ces huit critères principaux, permettent de définir les principales feuilles rencontrées le plus couramment (❀ ❀).

1234 Adaptation des feuilles

Par contre, certaines feuilles se modifient et perdent leur aspect traditionnel, aspect dont nous venons de parler.
Ce sont de véritables adaptations face à des circonstances particulières.

a) Adaptation au milieu

■ *En milieu aquatique* : sagittaire, *(Sagittaria sagittifilia)*.
Les feuilles emmagasient de l'eau de réserve.
Les feuilles immergées sont en lanières.
Les feuilles émergées, normales, sont en fer de lance.
Les feuilles flottantes, arrondies, contiennent beaucoup de tissus aérifères.

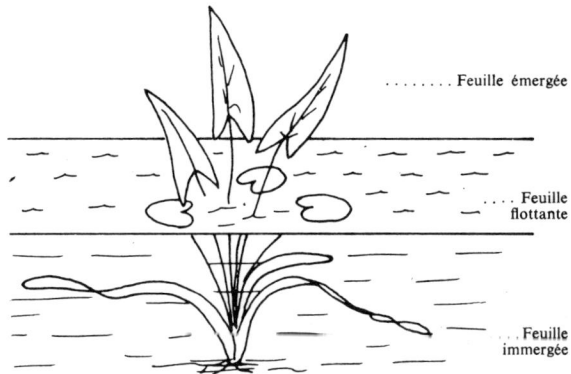

L'adaptation au milieu aquatique des feuilles de sagittaire

■ *En milieu sec* : les cactées.
Les feuilles emmagasient de l'eau de réserve.

■ *En milieu froid* : les plantes alpines.
Les feuilles réduisent leur surface.

b) Adaptation à diverses fonctions.

■ *Rôle de soutien* : transformation des feuilles en vrilles : pois *(Pisum sativum)* feuilles en ventouses : vigne vierge *(Ampelopsis veitchii)*.

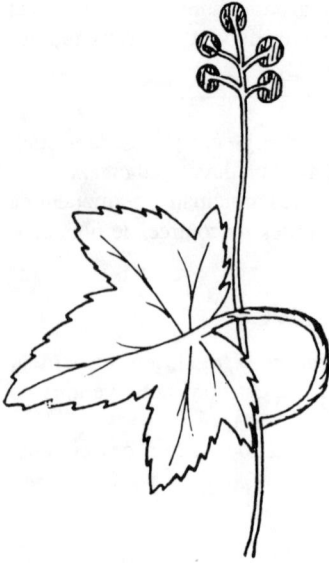

Les ventouses de la vigne vierge

Les vrilles du pois

Adaptation des feuilles à un rôle de soutien

Protection :
les feuilles piquantes du houx

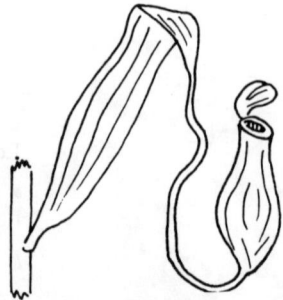

Alimentation :
les urnes du nepenthès

■ *Rôle de protection* : transformation des feuilles en piquants : houx *(Ilex aquifolium)* protection contrebalançant la pousse lente de ces végétaux vis-à-vis des animaux « brouteurs » ; feuilles en écailles pour protéger les bourgeons.

■ *Rôle dans l'absorption de matières nutritives* : transformation des feuilles en urnes : nepenthes ; ces plantes carnivores y capturant les insectes qu'ensuite elles « digèrent ».

■ *Rôle dans l'accumulation des matières de réserve* : écailles des bulbes, cotylédons des graines.

■ *Rôle dans la reproduction* : les organes floraux sont des feuilles modifiées (voir ch. 2-14-24).

1235 Accroissement des feuilles

Les feuilles augmentent leur surface, tout d'abord par leur pointe, ensuite par leur région intermédiaire, enfin par leur base.

124 La fleur

Nous avons choisi au début de ce chapitre, six végétaux pour constater sur chacun d'eux la présence de différents organes dont la fleur.
Tous les six étaient de forme et de grandeur diverses.
Maintenant, nous étudierons une fleur complète, très simple, couramment rencontrée dans les jardins : la giroflée jaune *(Cheiranthus)* apparaissant d'avril à juin.
Détachons une des fleurs.

1241 Différentes parties de la fleur

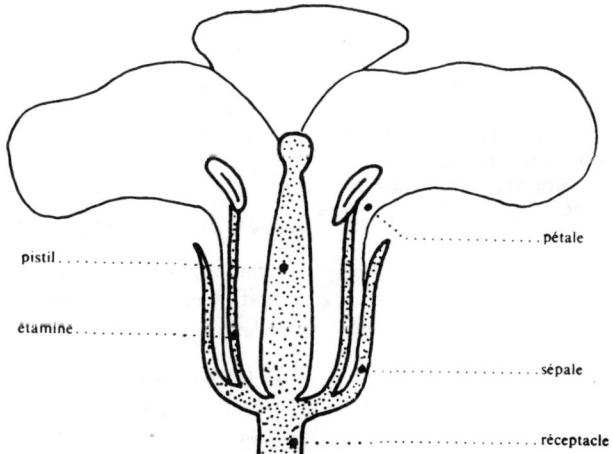

Les différentes parties de la fleur

Avec une précelle, détachons un à un tous les organes de la fleur, organes supportés par un *pédoncule* qui s'insère sur une tige et se termine par une partie élargie : *le réceptacle.*

Nous trouverons quatre types d'organes du dehors au dedans.

a) Quatre pièces, petites lames, de couleur verte : les quatre *sépales* formant *le calice.*

b) Quatre pièces, plus grandes, de couleur jaune disposées en croix (d'où le nom donné à la famille de cette plante de Crucifères) chacune composée d'une partie plate terminée par un onglet : les quatre *pétales* forment *la corolle.*

c) Six renflements supportés chacun par un filament : ce sont les étamines, composées d'une anthère portée par un filet.

Deux étamines sont plus petites.

L'ensemble des étamines forme *l'androcée.*

d) Une sorte de bouteille allongée, étroite, au col court : le *pistil* où la partie renflée est l'ovaire, le col allongé est le style et l'extrémité visqueuse est le stigmate.

En ouvrant le pistil, nous pouvons distinguer deux cavités contenant chacune des grains : les ovules.

Nous dirons que le pistil de la giroflée a deux carpelles.

Le pistil s'appelle aussi le *gynécée.*

Remarquons que toutes les pièces florales étaient libres entre elles et les unes par rapport aux autres.

1242 *Rôle des différentes parties de la fleur*

Le calice et la corolle forment ensemble le périanthe qui remplit un rôle de protection des organes de reproduction.

L'androcée est l'ensemble des organes mâles et le gynécée celui des organes femelles de la fleur. (✿). Leur rôle aboutit à la reproduction sexuée des plantes à fleurs (voir § 1, chap. 6) qui passe, en outre, par la fructification et la formation des graines.

1243 *Différentes sortes de fleurs*

Reprenons les différents organes floraux et voyons leur modification par rapport à ceux de la fleur de giroflée (*Cheiranthus Cheiri*).

a) Le pédoncule

S'il n'existe pas, *la fleur est sessile* : Aphelandra.

A sa base, peut se trouver une feuille plus ou moins modifiée : *la bractée.* Poinsettia (*Euphorbia pulcherrima*).

✿
___

Pour toute culture horticole intéressant la production de fruits ou de graines, il est nécessaire de favoriser la formation et l'activité des organes reproducteurs (androcée + gynécée).

La fleur et sa bractée unique

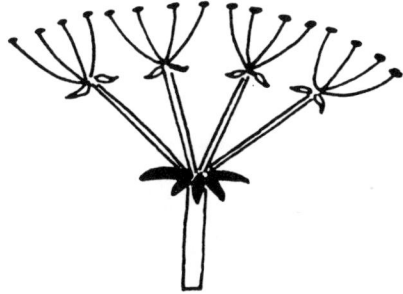

L'inflorescence et ses bractées formant une involucre

Si pour une fleur, il y a plusieurs bractées, leur ensemble s'appelle : involucre : carotte *(Daucus carota)*.

b) Le calice

Si les sépales sont colorés, le calice est pétaloïde : Ancolie *(Aquilegia cœrulea)*, jacinthe *(Hyacinthus)*, tulipe *(Tulipa gesneriana)*.

Si les sépales sont libres entre eux, la fleur est dialysépale : pavot *(Papaver nudicaule)*, giroflée *(Cheiranthus Cheiri)*.

Si les sépales sont plus ou moins attachés, la fleur est gamosépale : œillet *(Dianthus caryophyllus)*, digitale *(Digitalis purpurea)*, campanule *(Campanula carpatica)*.

Le *calice* peut être caduc ; il tombe avec la corolle, cas le plus fréquent.

Le *calice* peut être persistant, il se distingue sur le fruit : pommier *(Malus communis)*.

Le calice peut être doublé d'un deuxième verticille de sépales plus petits : c'est un calicule : fraisier *(Fragaria vesca)*.

c) La corolle

Si les pétales sont libres entre eux *la fleur est dialypétale* : giroflée *(Cheiranthus Cheiri)*, violette *(Viola cornuta)*, fraisier *(Fragaria vesca)*, chou *(Brassica oleracea)*, églantier *(Rosa canina)*.

Le pétale est constitué dans ce cas d'une lame et d'un onglet.

Si les pétales sont soudés, *la fleur est gamopétale* : campanule *(Campanula carpatica)*, tabac *(Nicotiana tabacum)*, primevère *(Primula hortensis)*, digitale *(Digitalis purpurea)*, pomme de terre *(Solanum tuberosum)*.

La corolle forme alors un tube s'élargissant plus ou moins à son ouverture.

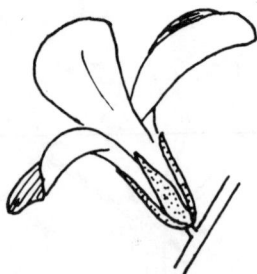

Fleur *dialysépale* de la giroflée   Fleur *gamosépale* de la digitale

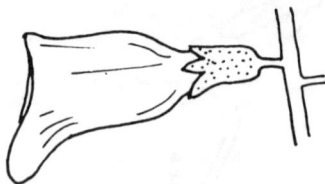

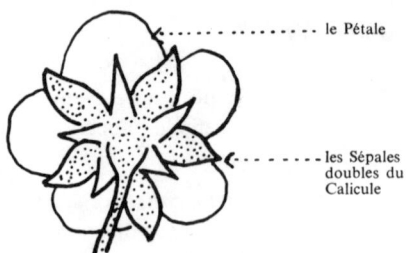

- - - - - - - - - - - le Pétale

- - - - les Sépales
doubles du
Calicule

Le calice de la fleur de fraisier

Si les pétales n'existent pas, la fleur est apétale :
Anémone des fleuristes *(Anemone coronaria)*, clématite bleue *(Clematis viticella)*, orme *(Ulmus americana)*,
hêtre *(Fagus sylvatica)*.
Il ne reste alors que les sépales pétaloïdes.
En général on trouve sur les fleurs :
- chez les dicotylédones : quatre à cinq pétales,
- chez les monocotylédones : trois ou multiple de trois
pétales.

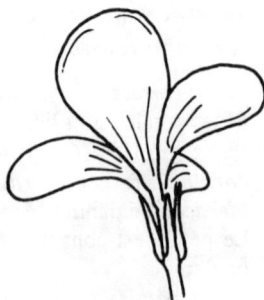

La *fleur dialypétale*   La *fleur gamopétale*
de la giroflée   de la digitale

La corolle de la fleur

Notes sur le périanthe (calice + corolle) (❀).

1. Si les sépales et les pétales sont égaux, *la fleur est régulière* : giroflée *(Cheiranthus Cheiri)*, fraisier *(Fragaria vesca)*.

S'ils sont inégaux, *la fleur est irrégulière* : pois *(Pisum sativum)*, haricot *(Phaseolus vulgaris)*.

Mais il existe alors une symétrie bilatérale.

2. Si les sépales et les pétales sont absents, *la fleur est asépale et apétale, elle est apérianthe* :

pin *(Pinus sylvestris)*, saule *(Salix babylonica)*, peuplier *(Populus nigra)*, frêne *(Fraxinus excelsior)*.

d) L'androcée

Si les étamines sont libres, *la fleur est dialystémone* : giroflée *(Cheiranthus Cheiri)*.

Si les étamines sont soudées, *la fleur est gamostémone*. La soudure peut se faire par les filets : pois *(Pisum sativum)*, ou par les anthères : composées.

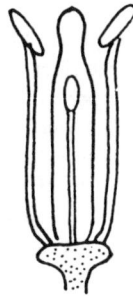

La *fleur dialystémone*   La *fleur gamostémone*
de la giroflée   du pois

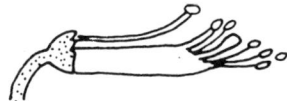

L'androcée de la fleur

Si les étamines sont absentes, *la fleur est astémone* : c'est une fleur femelle, *elle est unisexuée*.

Les filets peuvent avoir la même hauteur ou être de hauteurs différentes : giroflée *(Cheiranthus Cheiri)*.

e) Le gynécée ou pistil

Suivant les végétaux, on rencontre :

- un carpelle : pois *(Pisum sativum)*, haricot *(Phaseolus vulgaris)* ;
- deux carpelles : radis *(Raphanus sativus)* ou
- plusieurs carpelles : pomme *(Malus communis)*, fraisier *(Fragaria vesca)* par pistil.

Si les carpelles sont libres *la fleur est dialycarpelle*. Renoncule des jardins *(Ranunculus asiaticus)*, fraisier *(Fragaria vesca)*.

Si la carpelles sont soudés *la fleur est gamocarpelle*, cas le plus fréquent : chou *(brassica oleracea)*, giroflée *(Cheiranthus Cheiri)*, pommier *(Malus communis)*.

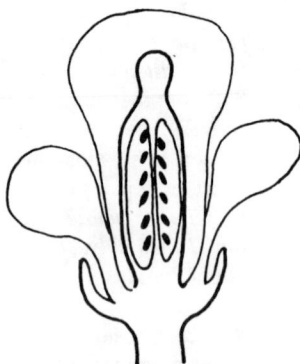

La fleur *gamocarpelle*   La fleur *dialycarpelle*
de la giroflée   du fraisier

Le pistil de la fleur : fixation des carpelles

Si les carpelles sont absents, *la fleur est acarpelle.*
C'est une fleur mâle, elle est unisexuée.

Les carpelles sont attachés sur le réceptable qui peut
être plat ou en forme de coupe plus ou moins profonde.
Si l'ovaire est inséré sur un réceptacle plat et se trouve
ainsi libre par rapport aux autres pièces florales, on dit
que *l'ovaire est supère,* cas du pavot *(Papaver somniferum)* ; les carpelles peuvent alors être libres.

Dans le cas contraire, *l'ovaire est infère*, cas de la courge *(Cucurbita pepo)* ; les carpelles sont toujours soudés.

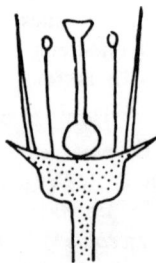

Ovaire *supère* comme   Ovaire *infère* comme
pour le pavot   pour la courge

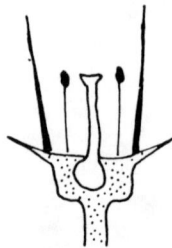

Le pistil de la fleur : fixation des carpelles

Avec un rasoir, faisons une coupe transversale d'un pistil. Nous pouvons ainsi voir (à la loupe, le plus souvent) :

- le nombre de carpelles,
- s'ils sont libres ou soudés,

- le mode d'attache des ovules à l'intérieur de l'ovaire, en particulier lorsque les carpelles sont soûdés.

Cette dernière caractéristique s'appelle *la placentation*.
Si les carpelles sont soudés par leurs parois, nous voyons autant de loges que de carpelles et les ovules sont fixés sur l'axe du pistil, *la placentation est axile* : Lis *(Lilium candidum)*.
Si les carpelles ne forment qu'une loge et que les ovules sont fixés sur les parois du pistil, *la placentation est pariétale* : Violette *(Viola cornuta)*.
Si les carpelles ne forment qu'une loge et que les ovules sont fixés sur un axe central, *la placentation est centrale* (cas assez rare) : primevère *(Primula hortensis)*.

Placentation axile
du lis

Placentation pariétale
de la violette

Placentation central
de la Primevère

La disposition des ovules de la fleur

Note sur le pistil des gymnospermes

La présence ou l'absence d'ovaire dans le carpelle amène une classification des Phanérogames, c'est-à-dire des plantes à fleurs.
La composition du gynécée que nous venons de voir s'applique au sous-embranchement des angiospermes, terme signifiant : ovule à l'intérieur d'un « sac ».
Dans le cas des gymnospermes, pin *(Pinus sylvestris)*, nous pouvons dire que les carpelles ne se referment pas pour former ce « sac » mais restent étalés. Les ovules sont posés dessus, ils ne sont pas enfermés. Les ovules sont nus.

Dans le cône femelle, entre chaque bractée du cône, nous trouvons les écailles carpellaires sur lesquelles sont fixés les ovules.

Notons, que de l'absence d'ovaire, découle l'absence de fruits et les ovules fécondés donneront les graines qui, mûres s'échapperont directement du cône femelle.

❀

Si la culture vise la fructification de l'espèce végétale, il est évident qu'il faudra : ou cultiver les plantes des deux sexes, ou assurer la pollinisation des fleurs femelles.

Note sur les fleurs unisexuées Nous savons que l'ensemble de l'androcée et du pistil forment les organes reproducteurs de la fleur.

Dans la plupart des cas, ils se trouvent tous les deux sur la même fleur : *la fleur est hermaphrodite*.

Parfois, nous rencontrerons des fleurs acarpelles ou astémones. Mais, les fleurs femelles et les fleurs mâles peuvent se rencontrer sur la même plante, *les plantes sont monoïques* : chêne *(Quercus sessiliflora)*, melon *(Cucumis melo)* ou sur deux plantes différentes, *les plantes sont dioïques* et l'on trouve alors des pieds mâles et des pieds famelles : saule *(Salix babylonica)* dattier *(Phœnix dactylifera)*. (❀)

1244 Les inflorescences

Dans nos exemples initiaux, nous avions examiné la fleur de tulipe, solitaire. Par contre, le myosotis *(Myosotis alpestris)*, l'œillet d'Inde *(Tagetes patula)*, le pommier *(Malus pumila)* etc. montraient leurs fleurs réunies sur une même hampe florale. La réunion de ces fleurs, porte le nom d'inflorescence.

a) Inflorescences indéfinies

Une inflorescence est dite indéfinie lorsque l'axe :
- est terminé par un bourgeon à bois, jamais par une fleur terminale,
- peut donc s'allonger indéfiniment,
- et porte des fleurs latéralement.

Il en existe plusieurs types :

■ *L'épi*

L'axe porte latéralement un nombre indéterminé de fleurs sessiles : saule *(Salix babylonica)* chêne *(Quercus sessiliflora)* plantain *(Plantago lanceolata)*.

La floraison commence par le bas de l'épi.

Les fleurs les plus jeunes sont à l'extrémité.

■ *Le capitule*

Les fleurs sessiles sont fixées au sommet d'un axe élargi de manière à former une surface plane qu'entoure un ensemble de petites feuilles modifiées ou bractées. Ces bractées forment l'involucre : marguerite *(Leucanthemum maximum)*, artichaut *(Cynara scolymus)*, dahlia *(Dahlia hortensis)*.

La floraison commence par la périphérie du capitule.

Les fleurs les plus jeunes sont au centre.

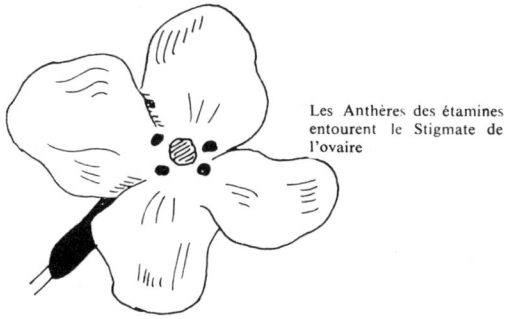

Les Anthères des étamines entourent le Stigmate de l'ovaire

Fleur hermaphrodite

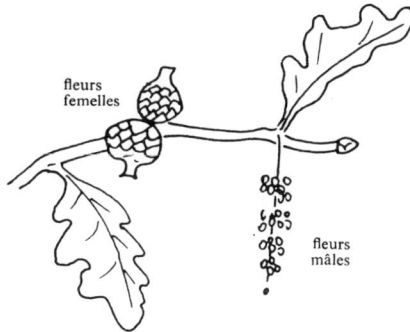

fleurs femelles

fleurs mâles

Plante monoïque : le chêne

Plante dioïque : le saule

Fleur hermaphrodite ou unisexuée

Le capitule : type marguerite

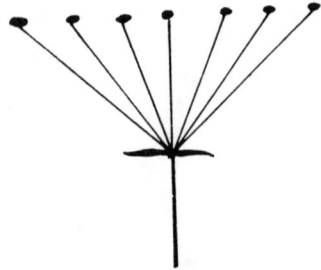

L'épi : type plantain

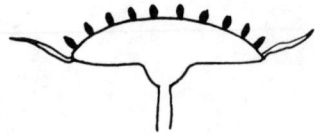

L'ombelle : type cerisier

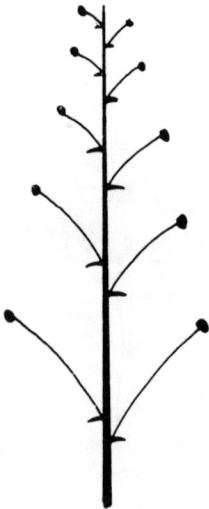

La grappe : type groseillier

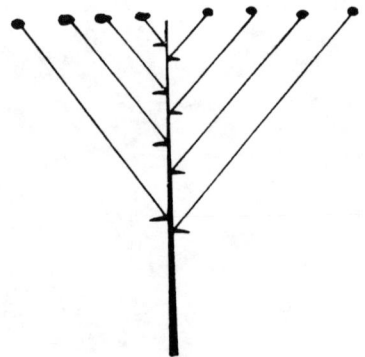

Le corymbe : type poirier

Les inflorescences indéfinies

■ *La grappe*

Elle ressemble à l'épi mais les fleurs sont pédonculées et ces axes secondaires sont de même longueur : giroflée *(Cheiranthus Cheiri),* haricot *(Phaseolus vulgaris),* cytise *(Cytisus laburnum),* groseillier *(Ribes Rubrum),* digitale *(Digitalis purpurea).*

Lorsque les axes secondaires sont plus longs au centre qu'aux deux extrémités de la grappe, l'inflorescence est une thyrse : marronnier *(Aesculus hippocastanum).*

La floraison commence par le bas de la grappe.

Les fleurs les plus jeunes sont à l'extrémité.

■ *L'ombelle*

Les axes secondaires sont tous de la même longueur mais partent du même point. Ils se terminent chacun par une fleur.

Les bractées de chacun des axes floraux sont réunies au même point et forment l'involucre : primevère *(Primula hortensis),* cerisier *(Cerasus avium),* oignon *(Allium cepa).*

La floraison commence à la périphérie de l'ombelle.

Les fleurs les plus jeunes sont au centre.

■ *Le corymbe*

Il ressemble à une grappe mais tous les axes secondaires se terminent à la même hauteur : poirier *(Pyrus communis)* aubépine *(Crataegus oxyacantha)* prunier *(Prunus domestica).*

La floraison commence à la périphérie du corymbe.

Les fleurs les plus jeunes sont au centre.

b) Inflorescences définies

Elles s'appellent aussi *cymes.*

L'axe primaire se termine par une fleur et porte à sa base une ou plusieurs bractées. De ce dernier point, partent un ou deux axes secondaires qui se comportent comme l'axe primaire, et ainsi de suite.

L'inflorescence au lieu de s'allonger s'accroît en largeur.

La floraison commence par la fleur se trouvant sur l'axe primaire, puis secondaire etc.

Nous distinguerons :

■ *Les cymes unipares*

Un seul axe démarre à chaque bifurcation :

- Toujours du même côté, *cyme unipare scorpioïde :* myosotis *(Myosotis alpestris),* consoude *(Symphytum officinale).*

- Alternativement d'un côté puis de l'autre, *cyme unipare helicoïde :* glaïeul *(Gladiolus),* hémerocalle *(Hemerocallis flava).*

■ *Les cymes bipares*
Deux axes démarrent à chaque bifurcation : gypsophile *(Gypsophila paniculata)*.

  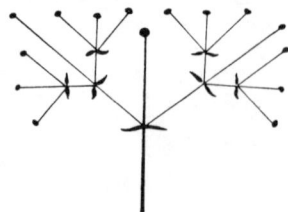

La cyme unipare hélicoïde du glaïeul   *La cyme unipare scorpioïde* du myosotis   *La cyme bipare* du gypsophile

Les inflorescences définies

c) Inflorescences composées
Dans certains cas, l'inflorescence se forme normalement mais chaque fleur est remplacée par une inflorescence secondaire.
Nous rencontrerons ainsi :
- des épis composés *(épi d'épis)* : blé *(Triticum sativum)*,
- des grappes composées *(grappe de grappes)* : lilas *(Syringa vulgaris)*, troène *(Ligustrum ovalifolium)*,
- des ombelles composées *(ombelle d'ombelles)* : ombellifères, carotte *(Daucus carota)*,
- des corymbes composés *(corymbe de corymbes)* : alisier *(Sorbus latifolia)*, sureau *(Sambuscus nigra)*, etc.

Plus compliquées, nous pouvons encore avoir des associations :
- grappe d'épis : avoine *(Avena sativa)*,
- corymbe de capitules : Achillée millefeuille *(Achillea millefolium)*,
- grappe de cymes scorpioïdes : seringat *(Philadelphus coronarius)*.

1245 Origine des pièces florales Les pièces florales sont des feuilles modifiées. Nous en avons pour preuve :

a) la disposition définie, pour chaque espèce, des pièces florales comme il en existe une pour les feuilles ;

b) la présence de nervures dans le limbe des feuilles qui se retrouvent dans les pièces florales ;

c) l'aspect identique du bouton floral et du bourgeon feuillu ;

La grappe d'épis de l'avoine

La grappe de grappes du lilas

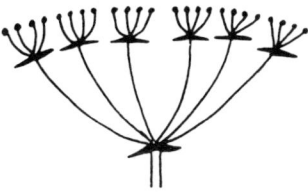

L'ombelle d'ombelles de la carotte

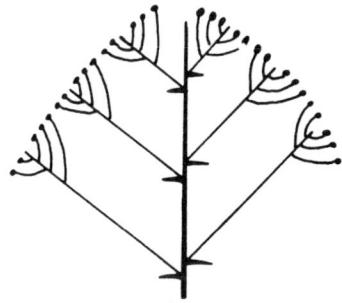

Le corymbe de corymbes de l'alisier

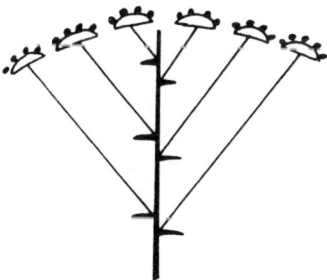

Le corymbe de capitules
de l'achillée-millefeuille

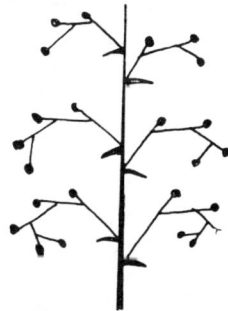

La grappe de cymes
scropoïdes du seringat

Les inflorescences composées

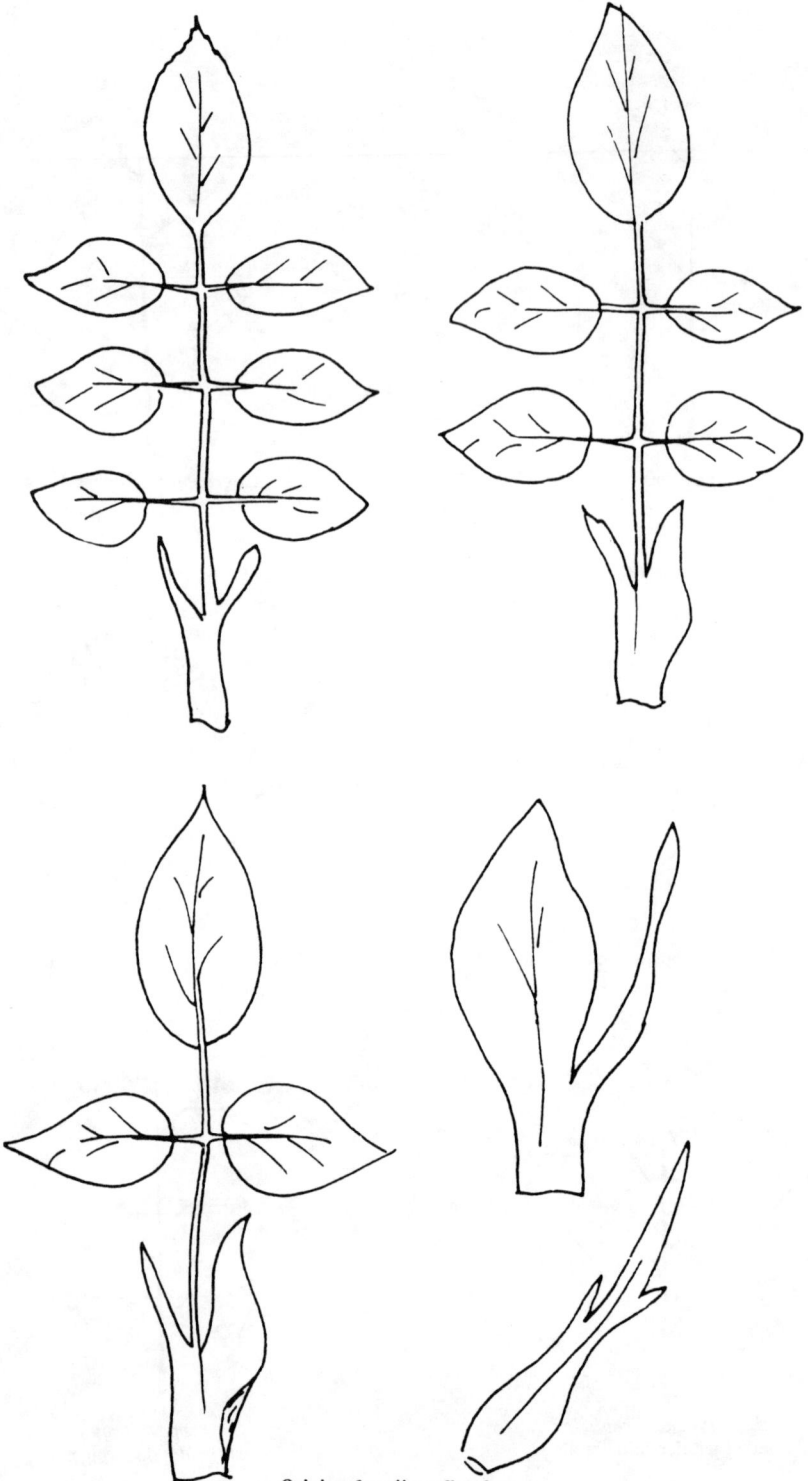

*Origine des pièces florales
modification des feuilles en sépales*

❀

1) Les sélectioneurs ont pu transformer les étamines de certaines fleurs en pétales : rose *(Rosa)*, pivoine *(Paeonia lactiflora)*, renoncule *(Ranunculus asiaticus)*.

Mais, la disparition quasi totale des organes reproducteurs empêchent alors la multiplication sexuée, même en supposant que la variété soit fixée.

2) Utilisation générale des fleurs :

a) En floriculture évidemment.

b) Comme produits alimentaires :

- les câpres sont les boutons floraux du câprier macérés dans du vinaigre,

- les clous de girofle sont les boutons floraux desséchés du giroflier,

- le chou-fleur est une inflorescence hypertrophiée.

c) Comme plantes médicinales :

- en principe contre les rhumes : coquelicot, mauve, violette, guimauve.

d) Comme plantes à parfum :

- rose, jasmin, violette, jacinthe, œillet, mimosa, orange amère ou bigaradier, etc.

❀ ❀

L'horticulteur pourra écourter l'élevage de broméliacées avant leur floraison :

Cas de l'etefon (X. TR. 4) qui en se décomposant dans la plante après une circulation systémique du produit actif se transforme en éthylène et induit la floraison. A l'opposé, l'horticulteur pourra ralentir la chute des fleurs.

Cas du sulfate d'argent qui ainsi supprimera parfois le « stress » du transport des plantes fleuries. La tenue des fleurs sans traitement peut durer quelques jours, mais atteindre 2 à 3 semaines avec un traitement.

d) les stades de passage entre les feuilles et les sépales : hellébore *(Helleborus abschasicus)* pivoine *(Paeonia lactiflora)* ; entre les sépales et les autres pièces florales : nénuphar *(Nympaea alba)*. (❀)

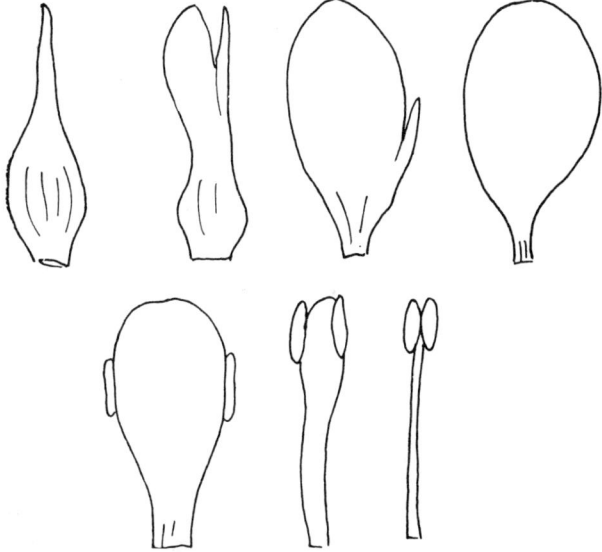

Origine des pièces florales :
modification des sépales en étamines

1246 Formation des fleurs (❀ ❀)

Le développement floral naturel peut être modifié par différentes substances, les unes favorisant l'induction florale et les autres ralentissant leur croissance, voire leur chute

125 Le fruit

Nous étudierons les phénomènes de la fructification dans le cadre de la *reproduction sexuée* des plantes à fleurs.

Sachons maintenant que :

- les ovules fécondés donnent les graines,

- l'ovaire se développe en fruit,

- les pétales et les étamines se sont flétris,

- les sépales sont visibles sur le fruit s'ils sont persistants,

- le réceptacle floral devient le réceptable du fruit,

- le pédoncule floral sert de pédoncule au fruit

Ceci dans les cas les plus fréquents.

1251 *Différentes parties du fruit*

Examinons en coupe le fruit du prunier *(Prunus domestica)* Cultivar (voir définition § 8112, chap. 8) Reine-Claude Dorée.

Successivement de l'extérieur vers l'intérieur, nous distinguons :

a) une peau, sorte de pellicule épaisse, jaune,

b) une partie charnue jaunâtre, juteuse et sucrée,

c) un « noyau » très dur, contenant,

d) une graine : « l'amande ».

Nous avons dit que le fruit provenait du développement de l'ovaire et contenait la ou les graines.

Nous pouvons en conclure que : « l'amande » est la graine du prunier et que les trois autres parties proviennent du développement de l'ovaire.

Nous savons que l'ovaire est une feuille modifiée comme toutes les autres pièces florales et qu'il est formé par son pliage plus ou moins complet.

Nous en déduisons que :

a) la pellicule est l'épiderme externe de cette feuille carpellaire, c'est l'épicarpe,

b) la partie charnue est son parenchyme, c'est le mésocarpe,

c) le noyau est son épiderme interne, c'est l'endocarpe mais dans le cas de la prune, celui-ci est devenu très dur, il s'est lignifié.

L'ensemble de ces trois parties s'appelle péricarpe.

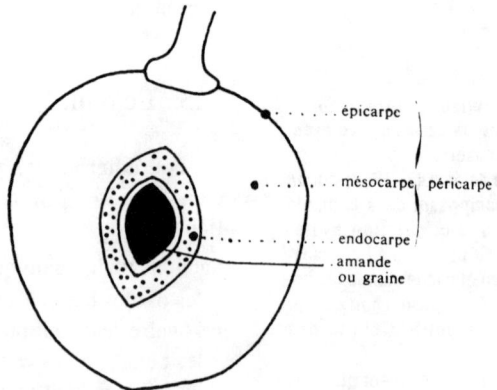

Les différentes parties du fruit

Le développement du péricarpe a permis la classification des fruits.

1252 Différents sortes de fruits

Si le péricarpe est épais, mou et charnu : le fruit est charnu.
Si le péricarpe est sec, mince : le fruit est sec.

a) Fruits charnus
Les fruits charnus ne libèrent pas spontanément leurs graines. Nous dirons que ce sont des fruits indéhiscents.
Nous rencontrerons trois sortes de fruits charnus :

■ *Les baies*
Cas des groseilles : *(Ribes rubrum),* des raisins *(Vitis vinifera).*
Un « grain » de ces fruits, comporte une peau, une pulpe, et des graines... les pépins.
L'endocarpe non lignifié fait donc partie de la pulpe, puisque nous ne le distinguons pas.
En résumé : les *baies* sont composées d'un épicarpe : peau, d'un mésocarpe et d'un endocarpe charnus, et de graines.

La baie du raisin   Les baies charnues de l'orange   Les baies du melon

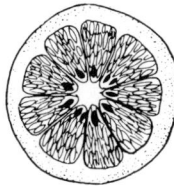

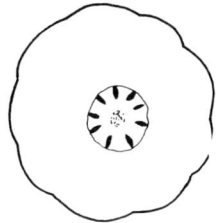

La baie aux pépins avortés de la banane   Les bractées à l'extrémité des baies de l'ananas   La baie de la tomate avec sa gelée contenant les graines

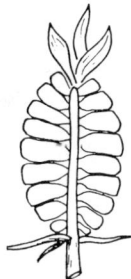

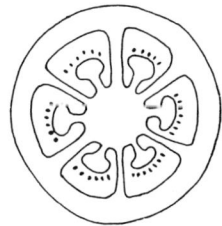

Les différentes baies

□ *Baies particulières*
La datte *(Phoenix dactylifera)* est une baie où la graine est lignifiée.

❀

1) L'horticulteur cherche à sélectionner des végétaux qui donneront des baies :
- les plus grosses,
- à la chair la plus sucrée et la plus juteuse (pour les fruits),
- aux graines les moins nombreuses.
2) Essai de fruits sans graine par traitement hormonal (voir chap. 5, Physiologie).
3) Pour le cas de la tomate il s'agit de limiter le volume de la gelée et surtout de la rendre le moins liquide possible.

L'orange *(Citrus sinensis)*, le citron *(Citrus limon)* sont des baies composées de dix à douze carpelles soudés. Des poils issus de l'endocarpe se sont gonflés de jus et ont donné la pulpe. L'épicarpe et le mésocarpe forment la paroi appelée zeste.

Le melon *(Cucurbita melo)*, la citrouille *(Cucurbita pepo)*, etc. sont d'énormes baies portées par des tiges rampantes.

La banane *(Musa ensete)* est une baie où les pépins ont avorté.

L'ananas *(Ananas comosus)*, plus compliqué, est formé de plusieurs baies et bractées agglomérées.

La tomate *(Solanum Lycopersicum)* est une baie où les graines sont entourées d'une gelée plus ou moins importante.(❀)

■ *Les drupes*

Cas des prunes *(Prunus domestica)*, pêches *(Prunus persica)*, olives *(Olea europaea)* que nous avons étudié et où l'endocarpe lignifié constitue le noyau.

| La drupe du prunier | La drupe du noyer dont seule la graine est comestible | Les drupes nombreuse de la framboise |

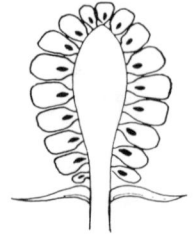

Les différentes drupes

□ *Particularités des drupes*

Dans la noix *(Juglans regia)* seule, la graine est comestible.

La framboise *(Rubus idaeus)* et la mûre *(Morus alba)* comprennent de nombreuses drupes accolées sur le réceptacle du fruit.

La noix de coco *(Cocos nucifera)* est le noyau d'une drupe. Il se compose de trois parties : un albumen solide : « l'ivoire », un albumen liquide : le « lait » et un embryon.(❀ ❀)

■ *Les fruits intermédiaires*

Cas des pommes *(Malus communis)* et des poires *(Pyrus communis)* où l'endocarpe n'est ni charnu (baie) ni lignifié (drupe) ; il est cartilagineux.

❀ ❀

Dans le cas des drupes, l'arboriculteur cherchera des variétés où la partie comestible : épicarpe et mésocarpe sera nettement plus volumineuse que le noyau : endocarpe + amande.
Evidemment lorsque la partie charnue de la drupe est comestible.

❀
_____

**La valeur gustative du fruit prend
le plus d'importance dans ce cas.**

D'où leur nom de fruits intermédiaires ou fruits à pépins (❀)

La masse devient charnue par l'épaississement, soit de la base des sépales, des pétales, des étamines, soit du réceptacle et se soude à la paroi de l'ovaire.

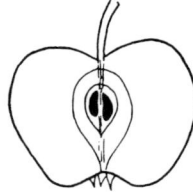

Les fruits à pépins : la pomme

b) Fruits secs
Ils sont déhiscents ou indéhiscents.

L'akène du chêne

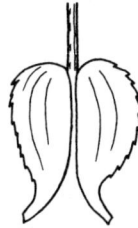

Le diakène de la carotte

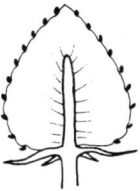

Les polyakènes
de la fraise   de la figue

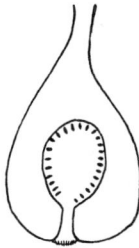

La samare simple
de l'orme

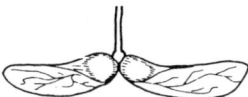

La samare double de l'érable

Le caryopse du blé

Les fruits secs indéhiscents

■ Fruits secs indéhiscents : les graines ne sont pas libérées des fruits. Ce sont des *Akènes,* fruit à une seule graine : chêne *(Quercus pedunculata)*, noisetier *(Corylus avellana)*, renoncule *(Ranunculus asiaticus)*. Chez les Cupulifères, l'akène est entouré d'une involucre : *la cupule.*

Les akènes peuvent être :

- doubles, diakènes : carotte *(Daucus carota)*

- nombreux, polyakènes : fraise *(Fragaria vesca)* la partie comestible est le réceptacle devenu charnu, les akènes sont les graines qui se trouvent sur la « chair » de la fraise, figue *(Ficus carica)* où l'inflorescence devenue charnue et creuse, supporte intérieurement de nombreux akènes.

Les fruits de l'artichaut *(Cynara scolymus)* sont des akènes. Nous consommons la base charnue des bractées de la fleur ainsi que le réceptacle. Le « foin » est constitué par les fleurs non épanouies.

- ailés, *Samare* avec une aile : orme *(Ulmus montana)*, avec deux ailes : érable *(Acer campestre)*.

Si le péricarpe est soudé à la graine, ce sont des *Caryopses* : fruit ausi à une seule graine, blé *(Triticum sativum)*.

■ Fruits secs déhiscents : les graines sont libérées des fruits.

Selon leurs formes et surtout le nombre de carpelles, nous pouvons trouver :

- *les follicules* : fruit à un carpelle qui s'ouvrent par une fente longitudinale à la soudure des placentas : hellebore *(Helleborus abschasicus var. « colchicus »)*, pivoine (3 follicules associées) *(Paeonia lactiflora)*,

- *les gousses* : fruit à un carpelle mais s'ouvrant par deux fentes longitudinales opposées. Elles s'appellent aussi « légumes » (légumineuses) ;

- *les siliques* : fruit à deux carpelles, la cloison centrale reste fixe, les deux valves s'ouvrent par quatre fentes et demeurent attachées au sommet. Les graines sont fixées sur la cloison. Chou *(Brassica oleracea)*, giroflée *(Cheiranthus Cheiri)*.

Parfois la silique est étranglée à chaque graine, radis *(Raphanus sativus)*.

- *les capsules* : fruit à plusieurs carpelles pouvant s'ouvrir par une fente circulaire formant couvercle : mouron *(Stellaria media)*, par des pores : pavot *(Papaver somniferum)*. (❀)

❀
De nombreux fruits secs sont décoratifs mais leur importance horticole alimentaire est très inférieure à celle des fruits charnus, par déinfition. Rn effet, seule est consommable, la partie contenue par le « fruit sec » : la ou les graines comestibles.

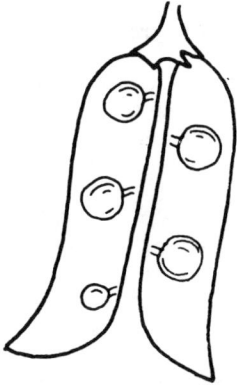

La gousse du pois

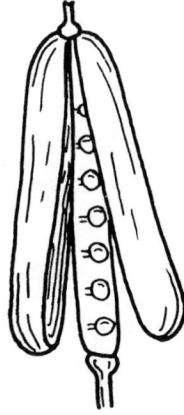

La silique du chou

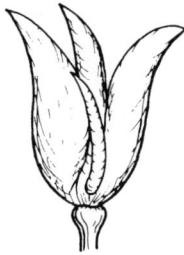

Les follicules de la pivoine

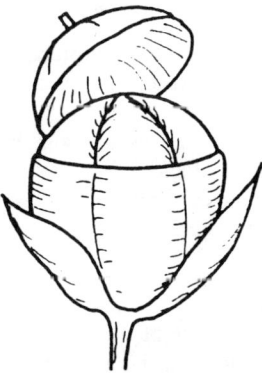

La capsule à couvercle
du mouron

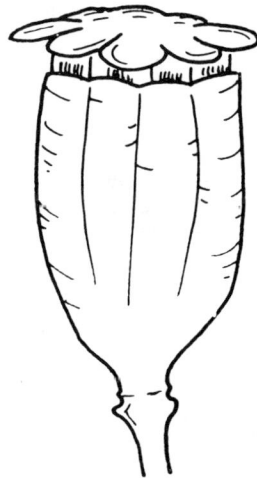

La capsule à pores du pavot

Les fruits secs déhiscents

126 La graine

La graine provient de l'ovule fécondé.

1261 Différentes parties de la graine

Examinons une graine de haricot *(Phaseolus vulgaris)*. Son aspect traditionnel en forme de rein est fort connu ainsi que sa cicatrice dans la partie concave, marque du point d'attache de l'ovule, le hile.

a) Extérieurement, nous voyons une pellicule plutôt épaisse, plus ou moins colorée (selon la variété de haricot, blanche, verte, rouge…) et portant des nervures. Si nous enlevons cet épiderme, nous en trouvons un second, plus fin. Ce sont les deux *téguments*.

b) En éclatant la graine, deux parties se séparent facilement : ce sont les deux *cotylédons*.

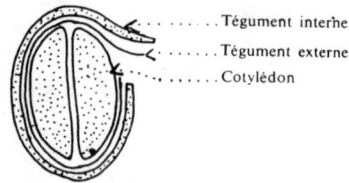

Graine de haricot (dicotylédones)

c) Entre ces deux cotylédons, apparaît l'embryon ou jeune plantule constituée de trois parties : la radicule, la tigelle et la gemmule.

1262 Rôle des différentes parties de la graine

❀

Plus le (ou les) tégument est résistant et imperméable, plus la conservation de la graine sera longue.

a) Tégument : c'est l'enveloppe de protection de la graine. Il peut d'ailleurs en exister une ou deux, deux dans la graine de haricot, par exemple.
Si nous n'en rencontrons qu'un, c'est le tégument interne qui n'existe pas : la noix *(Juglans regia)*.
Cet épiderme plus ou moins imperméable (❀) selon les graines leur permet de rester à l'état de vie ralentie avant la germination.

b) Embryon ou Plantule :
Il donnera naissance à la future plante et ses trois parties correspondent aux trois parties principales de la plante :
- la radicule donnera la future racine,
- la tigelle donnera la future tige,

- la gemmule donnera le futur bourgeon terminal et les feuilles

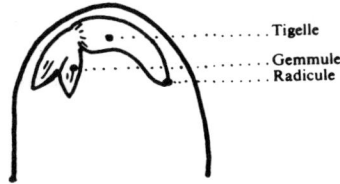

.... Tigelle
.... Gemmule
.... Radicule

Différentes parties de l'embryon (ou plantule)

c) Les cotylédons

Ce sont avant tout les deux premières feuilles (ou la première) de la plante à l'état d'organes de réserves (✿) qui assureront la vie de la jeune plantule avant qu'elle n'y satisfasse elle-même.

Notons deux particularités :

- Les cotylédons sont au nombre de deux dans la graine de haricot mais nous pourrons n'en trouver aussi qu'un seul.

- Les cotylédons sont volumineux dans la graine de haricot parce qu'elle ne contient pas d'albumen », autre tissu de réserve.

Si la graine contient de l'albumen, les cotylédons sont petits et l'albumen cache l'embryon.

1263 *Différentes sortes de graines*

Les particularités relevées sur les cotylédons sont à la base de la classification des graines.

✿
_____

De la valeur des matières de réserve contenues dans la graine, dépend l'utilisation alimentaire que nous pourrons en faire (voir § 16, chap. 5)

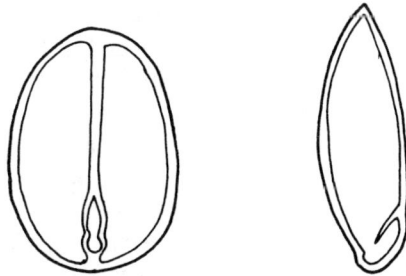

Graine

A 2 cotylédons (haricot)   A 1 cotylédon (céréale)

Nous trouverons :

a) des graines à deux cotylédons d'où la classe des dicotylédones : pois *(Pisum sativum)*, haricot *(Phaseolus vulgaris)*, ricin *(Ricinus communis)* ;

des graines à un cotylédon, classe des monocotylédones : poireau *(Allium porrum)*, blé *(Triticum sativum)*,

b) l'albumen, tissu de réserve, disparaît tôt ou tard.

Si c'est avant la maturité de la graine, nous aurons une graine sans albumen : pois *(Pisum sativum)*, haricot *(Phaseolus vulgaris)* ; et les réserves seront dans les cotylédons.

Si c'est après la maturité de la graine, nous aurons une graine à albumen : poireau *(Allium porrum)*, ricin *(Ricinus communis)* avec des cotylédons minces.

13   Modes de végétation

Nous avons étudié les différentes parties morphologiques des plantes à fleurs. Ceci va nous permettre de mieux définir leurs différents modes de végétation.

En effet, comme base d'observation, nous avons pris des végétaux d'aspect, mais aussi, de cycles de végétation différents.

Nous allons classer maintenant les cycles : du pin, du pommier, de l'œillet d'Inde, du blé, du myosotis, de la tulipe, du lupin (voir noms latins ci-après)

131   Plantes à floraison unique

Ces plantes développent leur appareil végétatif, fleurissent une fois, puis meurent.

Rentrent dans ce groupe :

L'œillet d'Inde *(Tagetes patula)*, le blé de printemps *(Triticum sativum)*, le myosotis *(Myosotis alpinus)*.

Mais tous, ne mettent pas le même temps pour achever leur cycle.

a) Le blé de printemps et l'œillet d'Inde fleurissent et meurent dans l'année de leur germination.

Ce sont des *plantes annuelles.*

b) Le myosotis forme son appareil végétatif dans l'année de sa germination mais fleurit, puis meurt l'année suivante. C'est une *plante bisannuelle.*

c) Mais nous rencontrerons aussi des plantes particulières tell que l'agave *(Agave americana)*, plante grasse qui ne fructifie que très longtemps après sa germination : plusieurs dizaines d'années. C'est une *plante pluriannuelle.*

132   Plantes à floraison multiple

Ces plantes développent leur appareil végétatif, fleurissent plusieurs fois, puis meurent.

Rentrent dans ce groupe : le pin *(Pinus sylvestris)*, le
pommier *(Malus communis)*, le tulipe *(Tulipa X)*, la
jacinthe, *(Hyacinthus orientalis)*, le lupin *(Lupinus
polyphyllus)*.

Mais l'unité végétative de chacun n'a pas la même lon-
gévité.

a) Un bulbe de tulipe *(Tulipa)* planté, donnera chaque
année une fleur (de plus en plus petite, il est vrai, mais
pour des raisons horticoles, que le cours de floriculture
développera), mais il ne faudrait pas croire que la fleur
est donnée toujours par le même bulbe.

Si nous coupons un bulbe dans le sens vertical, nous
pourrons apercevoir :

- le plateau et l'unité végétative desséchée qui a donné
la fleur de l'année précédente ;

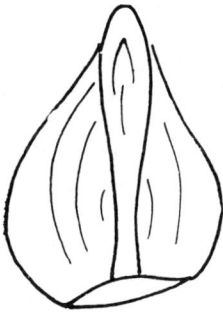

Automne de l'année de plantation   Printemps de l'année de floraison

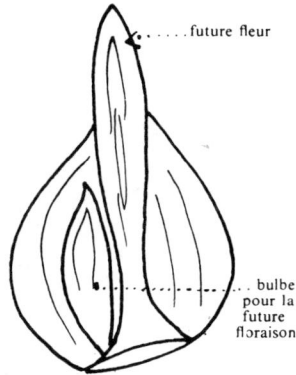

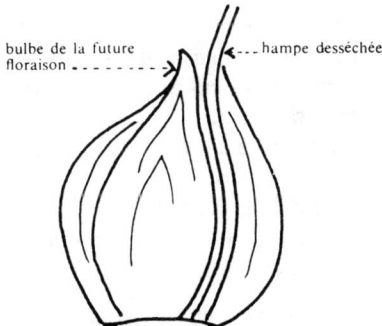

Eté après la floraison

Développement du bulbe de tulipe

- le plateau et le bulbe qui donnera la fleur de cette année ;
- le bourgeon qui donnera l'unité végétative et la fleur de l'année suivante.

La tulipe est *une plante à floraison multiple* et à unité végétative à floraison unique, chaque unité ancienne donnant une unité nouvelle.
Elle est vivace par son bulbe.

b) Le bulbe de jacinthe *(Hyacinthus orientalis)* évolue différemment.
L'unité végétative s'accroît régulièrement du centre vers l'extérieur, à partir d'un bourgeon central. Les écailles externes (les plus anciennes) se dessèchent et disparaissent.
Le bulbe récolté en fin de culture n'est donc pas une nouvelle unité végétative.
La jacinthe est une plante à floraison multiple et à unité végétative pluriannuelle.
Elle est vivace par son bulbe.

c) Le lupin *(Lupinus polyphyllus)* développe chaque année une unité végétative de plus en plus volumineuse avec un nombre d'épis floraux de plus en plus grand.
Chaque année, l'appareil végétatif meurt mais après avoir préparé les ébauches d'autres appareils végétatifs pour les années suivantes, qui, à leur tour, fleuriront et mourront.
Le lupin est une plante à floraison multiple et à unité végétative à floraison unique, chaque unité ancienne donnant plusieurs unités nouvelles : il y a multiplication.
Il est vivace par sa souche.

d) Le pin *(Pinus sylvestris)*, le pommier *(Malus communis)* voient leurs unités végétatives persister d'une année sur l'autre. Elles s'ajoutent les unes aux autres, elles se ramifient.
Ce sont des *plantes arborescentes*.
Mais dans ce cas, les fleurs peuvent apparaître sur diférents rameaux :
- rameau d'un an : vigne *(Vitis vinifera)*, buddleia *(Buddleia variabilis)*;
- rameau de deux ans : pêcher *(Prunus persica)* ;
- rameau de trois ans : poirier *(Pyrus communis)* le plus souvent.

Elles peuvent être aussi remontantes lorsque plusieurs floraisons ont lieu sur le rameau d'un an : rosier remontant, par exemple.

2

Morphologie des plantes sans fleur

21 Les fougères

211 Le *polypodium aureum*

Nous avons tous rencontré des fougères dans les sous-bois. Les horticulteurs en cultivent plusieurs espèces, toutes très décoratives.

Prenons l'exemple du *Polypodium aureum* cultivé pour la grandeur et la découpure de son feuillage ainsi que pour sa couleur bleutée.

Retirons le de son pot et éliminons la terre qui entoure la « motte ».

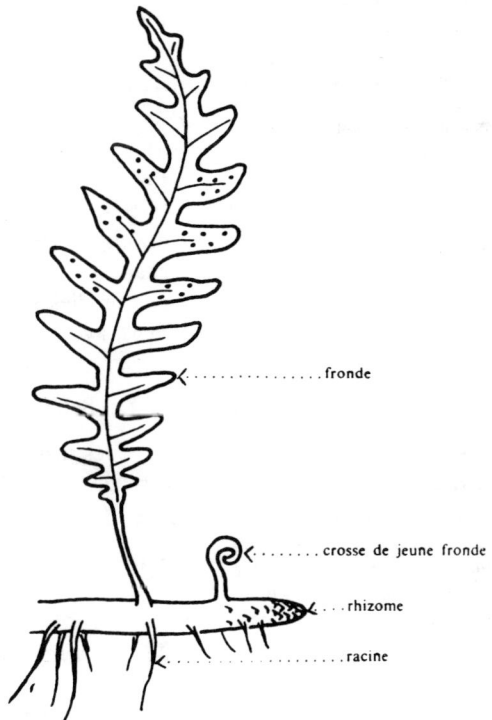

<....... fronde

<....... crosse de jeune fronde

<... rhizome

<....... racine

Polypodium aureum

Nous distinguons :

a) Des racines fines et nombreuses.

b) Ce qui pourrait passer pour des racines très grosses mais qui, à l'étude, sont des rhizomes (tiges souterraines) (❋) puisque portant à la fois racines et feuilles.
Certaines parties des rhizomes, en surface du sol, portent des écailles brunâtres et nombreuses.
Ces tiges souterraines en vivant en surface du sol, sont ramifiées.

c) Des feuilles qui partent des rhizomes :
- les unes, en forme de crosses, pafois recouvertes d'écailles, sont jeunes ;
- les autres (❋ ❋) de grandes dimensions comprennent de nombreuses ramifications du limbe, parcouru par de nombreuses nervures : ce sont les frondes (feuilles âgées) qui atteignent parfois un mètre. Elles sont glauques sur les deux faces.

d) Il n'apparaît jamais de fleurs, mais sous les frondes, nous pouvons distinguer des amas brunâtres dont nous étudierons le rôle dans la reproduction des plantes sans fleur.

Conclusions morphologiques
Les fougères possèdent : des racines, des tiges, des feuilles.

212   Plantes voisines des fougères

a) Les prêles
Comprennent les mêmes organes que les fougères mais la tige souterraine (rhizome) porte aussi des tiges aériennes, minces, creuses, composées d'articles détachables.
Les feuilles sont petites, en verticilles aux nœuds des tiges, avec parfois des rameaux très fins de 2 à 3 cm partant du verticille.

b) Les Selaginelles

Avec les mêmes organes que les fougères mais la tige aérienne se ramifie par fourches (dichotomie). (❋ ❋ ❋)

22   *Les mousses*

221   *Sphagnum cymbiifolium*

Tous les horticulteurs connaissent cette mousse que certains utilisent dans leurs mélanges terreux pour cultiver orchidacées et broméliacées.

❋
Vivace par ses rhizomes, une fougère peut « redémarrer » après une coupe partielle et même totale de ses frondes. La souche donnera de nouvelles feuilles.

❋ ❋
Quelles que soient la forme et la longueur des appendices qui portent les frondes, nous avons toujours affaire à des pétioles de feuilles et non à des tiges :
- **Très long pétiole du Pteris serrulata, au limbe souvent panaché.**
- **Pétiole fin et brunâtre de l'Adiantum cuneatum (capillaire) au limbe triangulaire.**
- **Très grandes fronde (1,50 m) des Nephrolepis exaltata au limbe très finement découpé.**
Exception faite des fougères « tropicales » dont certaines sont dites arborescentes, mais alors, ce sont de véritables troncs que nous voyons.

❋ ❋ ❋
La forme de ramification des tiges de sélaginelles, l'aspect aplati des rameaux avec leurs feuilles, la panachure des feuilles, amènent les horticulteurs à cultiver cette plante assez ornementale.

Ne dépassant pas 10 cm elle est constituée d'un appareil végétatif en général dressé, comportant :
a) de jeunes filaments rampants appelés : protonéma ;
b) ce protonéma porte des tiges supportant elles-mêmes :
c) des feuilles très petites et très minces plus ou moins verdâtres ;
d) mais, le protonéma ne porte pas de racines qui sont alors remplacées par des poils très fins appelés rhizoïdes ;
e) il n'y a jamais de fleurs mais certaines courtes tiges sont fertiles et portent les organes reproducteurs.

Conclusions morphologiques. Les mousses possèdent des tiges, des feuilles, mais pas de racines.

222 Plantes voisines des mousses

Les hépatiques, dont l'appareil végétatif est en général rampant.
Comportant ou ne comportant pas de feuilles ; dans ce dernier cas, l'appareil végétatif est réduit à un « thalle ».

23 *Les champignons*

Le monde des champignons est vaste et varié, d'autant que si certains sont visibles à l'œil nu et même cultivés comme plantes alimentaires, d'autres sont microscopiques.
Nous prendrons deux exemples horticoles fort connus :

231 Le champignon de couche ou Agaric champêtre *(Psalliota campestris)*

Visitons une champignonnière et examinons un « champignon de Paris » tel qu'il est cultivé sur « meule » ; à moins que nous ne rencontrions dans les prés, son type « sauvage ».
Il apparaît sous diverses formes :
- petites, jeunes, en cours d'évolution,
- évoluées, plus âgées et... récoltables.

2311 *Ces productions blanchâtres forment :*

- lorsqu'elles apparaîssent, une boule ovoïde entourée d'une enveloppe ;
- en croissant, cette enveloppe éclate et disparaît, laissant à la base : une volve ;

- nous distinguons alors, un pied portant une forme sphérique entourée d'un voile ;
- en croissant, ce voile se déchire, des fragments restent fixés sur le pied et forment l'anneau ;
- enfin, apparaît dans son aspect définitif, le chapeau.

Le tout s'est développé en deux à trois jours.
Le chapeau blanc porte à sa face inférieure une série de lamelles verticales et claires à leur apparition, devenant foncées en vieillissant.
Cette production « comestible » du champignon de couche est son organe reproducteur.

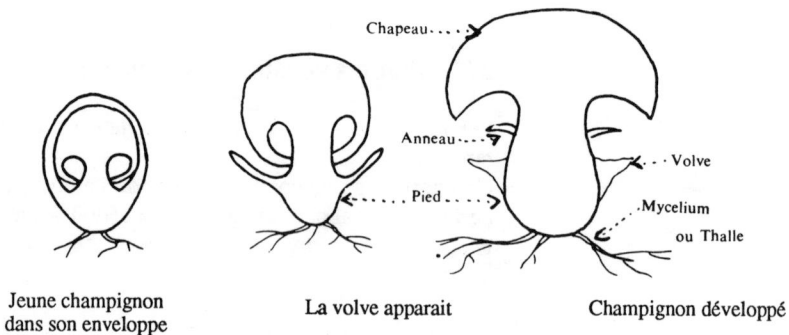

Jeune champignon   La volve apparait   Champignon développé
dans son enveloppe

Evolution « aérienne » du champignon de couche

2312 *Déterrons un pied et son chapeau*

Nous distinguons un ensemble de filaments cloisonnés : c'est le thalle du champignon, appelé encore : mycélium du champignon.
Dans le cas précis du champignon de couche, il porte aussi le nom technique de « Blanc ».
Cette production « non comestible » du champignon de couche est son organe végétatif.

Notons. Que la girolle, la coulemelle, le mousseron, possèdent les mêmes organes que le champignon de couche mais sous un aspect différent.
Que le bolet ou cèpe par contre, n'a pas de lamelles mais des tubes sous son chapeau.

Remarque importante. Il nous semble essentiel d'attirer l'attention sur l'*aspect morphologique* des champignons à chapeaux, *qui seul, peut permettre la détermination systématique des champignons comestibles* et ainsi éviter toute erreur dangereuse et même mortelle dans le tri des produits récoltés.

Aucune autre règle ne doit être retenue. Rappelons entre autres, un champignon au nom trop connu : amanite phalloïde.

232 La tavelure sur pommier *(Venturia inacqualis)*

Si nous distinguons les « effets » de cette maladie cryptogamique sur le pommier :
- taches brunâtre sur les feuilles,
- crevasses sur les rameaux, sur les fruits, entre autres;
ils nous faudra utiliser la loupe et même le microscope pour étudier la morphologie de ce champignon.
En effet, le « mycélium est invisible. Il se développe sous l'épiderme des organes attaqués.
Au microscope, nous distinguerons un enchevêtrement duveteux de filaments : le thalle.
A la loupe, nous apercevrons les « fructifications » dont la germination des « graines » : les spores, contaminera d'autres jeunes organes.
Quant à l'hiver, il se passera facilement pour ce parasite, sous la forme d'organes de reproduction « en reserve », sorte d'œufs, situés sur les feuilles mortes, dans les écorces… afin d'assurer la contamination de printemps, c'est-à-dire la première germination de laquelle sera issu le nouveau mycélium.
Le mycélium se développe, là encore, intérieurement.
Seules, les fructifications sont externes comme pour le champignon de couche. (❀)

Si l'arboriculteur veut protéger son verger, il est indispensble d'empêcher la pénétration du parasite puisque son développement est interne.
Les traitements seront uniquement préventifs.
Les traitements curatifs sont des pis aller en cas de « désastre », sauf pour quelques cas où le développement du champignon est externe.

Conclusions morphologiques
Les champignons ne possèdent : ni racines, ni tiges, ni feuilles.
Leur appareil végétatif se réduit à un thalle le plus souvent filamenteux, pouvant n'être que microscopique, ou bien atteindre plusieurs centimètres.

24 Les algues

241 Le varech

Nous connaissons tous le varech ou goémon que nous rencontrons au bord des plages de l'Atlantique, en Bretagne en particulier.
Constitué par les Fucus et les Laminaires, ces algues se présentent sous la forme de rubans brunâtres, plus ou

moins grands, quelques dizaines de centimètres, bifurqués, soyeux au toucher : ce sont des algues brunes.

Elles sont fixées sur les rochers par des crampons qui ressemblent à des racines, mais n'en sont pas, botaniquement parlant.

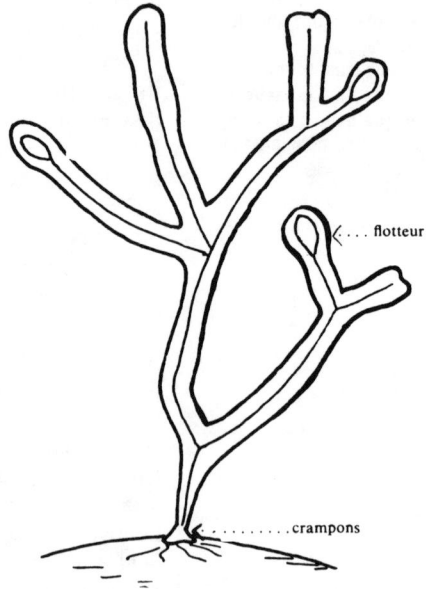

Le fucus

Les parties flottantes sont garnies de flotteurs remplis d'air.

L'extrémité de certains rameaux portent les organes reproducteurs.

242 Les algues microscopiques

Entre autres, nous pouvons distinguer dans les algues brunes : les Diatomées recouvertes d'une carapace protectrice en formant avec des particules animales vivantes : le plancton.

Conclusion morphologiques. Les algues ne possèdent : ni racines, ni tiges, ni feuilles et comme les champignons, ont un appareil végétatif réduit à un thalle, soit microscopique, soit de grandes dimensions.

25   Les lichens

Sur des murs, en général humides, nous pouvons voir de petites lames écailleuses, vertes, plus ou moins lobées.

Ce sont des Parmélies des murailles qui peuvent aussi se trouver sur les écorces des arbres.

Elles se fixent par des crampons qui ne sont pas des racines.

A certains points de leur surface, apparaissent des organes reproducteurs qui ressemblent, en partie, à ceux des champignons.

Conclusions morphologiques. Les lichens ne possèdent ni racines, ni tiges, ni feuilles et leur appareil végétatif, se réduit à un thalle.

3

La morphologie et la systématique

Nous avons donc observé et décrit, dans ce chapitre, des plantes à fleurs : ce sont des Phanérogames ; et des plantes sans fleurs : ce sont des Cryptogames.

Nous pouvons distinguer morphologiquement :

■ *Les Phanérogames* (plantes à fleurs) :
- sans ovaire, à ovules nus : Gymnospermes,
- avec ovaire, donc à ovules cachés : Angiospermes ;
  - avec graines à un cotylédon : Monocotylédones,
  - avec graines à deux cotylédons : Dicotylédones.

■ *Les Cryptogames (plantes sans fleurs) :*
- Plantes qui possèdent racines, tiges, feuilles : Ptéridophytes (fougères, prêles, selaginelles).
- Plantes qui possèdent tiges, feuilles mais pas de racine : Bryophytes (mousses, hépatiques).
- Plantes qui ne possèdent ni racines, ni tiges, ni feuilles : Thallophytes (champignons, algues, lichens, bactéries) où l'appareil végétatif est un thalle.

L'étude anatomique et surtout celle de la reproduction nous permettront de compléter ce tableau de classification des végétaux (voir chap. 8 « Systématique »).

Chapitre 3
Cellules et tissus

1
Observations microscopiques

Notre étude sur la morphologie des plantes a été basée avant tout sur l'observation de quelques végétaux.

Pour étudier les cellules et les tissus végétaux, nous devrons observer cette fois des organes « microscopiques ».

11 Matériel

Nous devrons nous servir :
- d'une loupe,
- d'un microscope à un ou plusieurs objectifs.

Ce dernier, coûteux, sera parfaitement entretenu, tout particulièrement sa partie optique :
- ne la rayez jamais,
- ne la démontez pas, et manœuvrez la vis micrométrique avec soin, pour éviter de briser la lame d'observation.

12 Préparations

a) Les coupes seront les plus fines possibles. Elle se feront :

- soit avec un rasoir : l'organe à découper, prisonnier dans une « moelle de sureau » ;
- soit en détachant un lambeau de l'organe, si les cellules sont grandes.

b) Les coupes seront ensuite traitées selon les cas avec divers réactifs, colorants, etc.

Elles seront successivement :

- plongées dix minutes dans l'eau de Javel afin de détruire le contenu des cellules et ne laisser que leurs membranes ;
- lavées dans l'acide acétique qui neutralisera l'eau de Javel ;
- rincées dans l'eau distillée ;
- colorées au carmin qui teintera en rose la cellulose, au vert d'iode qui verdira le bois, le suber et la cutine.

Ces opérations se feront dans un « verre de montre » à l'aide d'une précelle.

c) Les coupes seront montées entre :
- « lame » de verre et
- « lamelle » beaucoup plus fine et plus petite, l'objet placé dans une goutte d'eau le plus souvent.

13   Observations

a) **Réglage de l'éclairage**, à l'aide du miroir (face concave le plus souvent). Concentrez la lumière pour obtenir une bonne vision.

b) **Mise au point :**
- d'abord avec la crémaillère pour dégrossir ;
- ensuite avec la vis micrométrique pour « préciser » ;
- puis prendre l'objectif à grand grossissement pour étudier les détails.

2

La cellule

21 Description d'une cellule

211 Détachons un lambeau de la pellicule qui se soulève quand on brise les écailles internes d'un bulbe d'oignon de jacinthe *(Hyacinthus orientalis)*.

Examiné au microscope à faible grossissement cet épiderme se montre constitué par un assemblage d'éléments allongés polyédriques et adhérents entre eux.

A l'intérieur nous distinguons un organe sphérique : *le noyau.*

Ce noyau se trouve dans la masse de la cellule : *le protoplasme.*

Le protoplasme contient de nombreuses granulations ainsi que des enclaves plus ou moins volumineuses, plus ou moins nombreuses : *les vacuoles.*

A l'extérieur, le protoplasme est limité par une membrane, elle-même doublée d'une deuxième membrane plus épaisse.

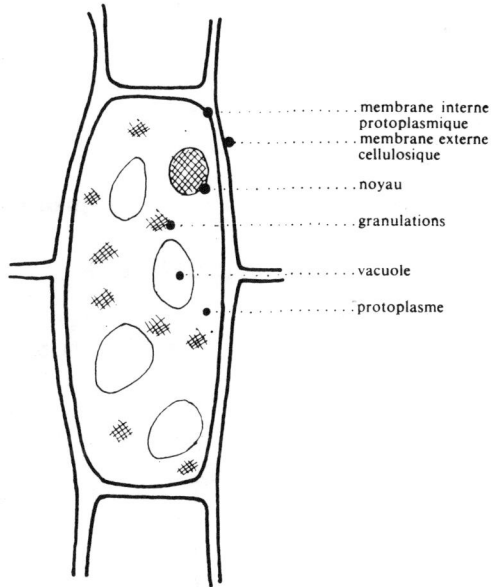

membrane interne
protoplasmique
membrane externe
cellulosique
noyau
granulations
vacuole
protoplasme

La cellule

212 Opérons la même observation sur des feuilles d'iris *(Iris hybrida)* dont les cellules de l'épiderme se détachent aussi facilement que celles de l'oignon de jacinthe.

Nous distinguons :

- Le noyau.

- Le protoplasme avec de nombreuses vacuoles, des granulations mais dans ce cas, nous en dénombrons plusieurs, de couleur verte, porteuses de chlorophylle : ce sont des chloroplastes.

- Les membranes.

213 Enfin, sur une petite portion de pulpe de tomate *(Solanum Lycopersicum)* nous retrouverons les mêmes parties que dans la cellule de l'oignon, évidemment pas de chloroplastes comme dans l'iris, mais des grains rougeâtres : ce sont les chromoplastes contenant de la carotène.

22   Différentes parties de la cellule

D'après nos trois observations précédentes nous pouvons conclure que les cellules sont de formes très variées et constituées :
- d'un noyau,
- d'un protoplasme contenant ds vacuoles plus ou moins importantes et des granulation diverses,
- de deux membranes.

221   Le protoplasme

2211   Composition

Il est composé d'une substance albuminoïde transparente, plus ou moins consistante et ayant l'apparence du blanc d'œuf dont il a d'ailleurs à peu près la composition chimique c'est-à-dire : 75 % d'eau, des glucides, des lipides, des protides, des acides organiques, des éléments minéraux.
(La définition de ces composés est donnée au chap. 5-61. 2).
Le protoplasme est sensible à la chaleur et animé par des courants circulatoires.

2212   Les granulations

Elles sont variées tant dans leurs formes que dans leur aspect. Nous distinguons :

a) Les *chondriosomes* ; en particulier les *mitochondries* sous forme de filaments, bâtonnets, ou grains.

Ce sont des granules lipido-protéiques, dont l'ensemble s'appelle *chondriome*.

b) Les *plastes* ou *leucites* qui accumulent des substances diverses.
Incolores, ce sont des *leucoplastes*.
Fixant l'amidon, ce sont des *amyloplastes*.
Fixant l'huile, ce sont des *oléoplastes*.
Colorés en jaune ou rouge, ce sont des *chromoplastes*.

Colorés en vert, ce sont des *chloroplastes* ou « grains de chlorophylle ».

Les leuco, amylo, oléoplastes jouent un rôle important dans le stockage des réserves nutritives.

Les chromoplastes déterminent la couleur des organes des végétaux autres que le vert donné par la chlorophylle fixée sur les chloroplastes.

L'ensemble des plastes s'appelle *plastidome*.

2213 Les vacuoles

❀
_____

Si une plante manque d'eau, la turgescence des vacuoles diminue : la plante flétrit.

Ce sont des enclaves pleines de liquide ou suc cellulaire, dans lesquelles on trouve, entre autres, de l'eau et des sels minéraux puisés dans le sol par la plante pour son alimentation (❀).

Notons que :

- quand la cellule est jeune, le protoplasme la remplit complètement ;

- quand la cellule vieillit, le protoplasme se creuse de cavités de plus en plus grandes : les vacuoles ; en même temps, le noyau est rejeté sur la paroi de la membrane avec le protoplasme restant ;

- Quand la totalité du protoplasme disparaît la cellule a cessé de vivre.

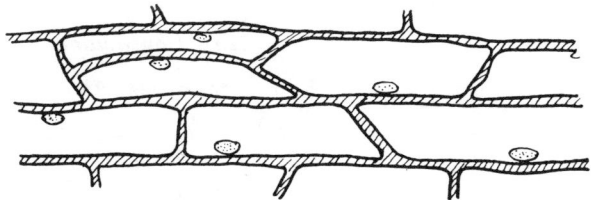

Les cellules ont vieilli :
le noyau est rejeté sur la paroi

222 Le noyau

Généralement sphérique, il est composé d'une substance albuminoïde analogue à celle du protoplasme mais plus condensée, appelée : *le suc nucléaire* et enveloppée d'une mince membrane : *la membrane nucléaire*.

Dans le suc nucléaire, on distingue un filament pelotonné, nommé : *filament chromatique*.

C'est ce filament chromatique, lors de la division cellulaire, qui se fragmente en un certain nombre de chromosomes.

Les chromosomes portent les caractères héréditaires de
l'individu et sont toujours en nombre identique.

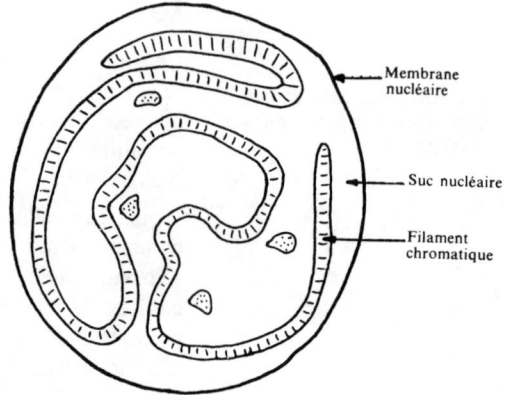

Le noyau

223 Les membranes

2231 Constitution

Nous avons vu qu'il existait deux membranes dans la
cellule.

a) Intérieurement, le protoplasme est en quelque sorte
emprisonné dans une mince pellicule résultant de sa
modification physique : c'est la *membrane protoplasmique.*

b) Extérieurement, une membrane plus épaisse double
la membrane protoplasmique. Elle est composée de
cellulose ; la cellulose est un hydrate de carbone se
rapprochant de l'amidon, perméable à l'eau et aux sub-
tances dissoutes.

Cette propriété permet à la plante l'absorption de la
sève brute (voir chap. 5 Physiologie).

Elle est soluble dans la liqueur de Schweitzer (ammoniaque + cuivre), expérience facile à réaliser avec de
l'ouate.

Le carmin la teinte en rose.

Cette membrane s'appelle : *membrane cellulosique.*

2232 Modifications de la membrane cellulosique

La cellulose de la membrane extérieure peut se transformer en d'autres substances ou bien s'incruster de produits élaborés par le protoplasme.
Elle peut :

a) Se cutiniser : *c'est la cutinisation*

Les organes exposés à l'air acquerront une plus grande dureté et une certaine imperméabilité ayant pour but de s'opposer à la dessiccation de la cellule lors des chaleurs et à sa destruction lors des grands froids.
Ces organes se recouvrent d'une couche de *cutine*, substance grasse : c'est le cas de la cuticule cireuse de houx *(Ilex aquifolium)*.

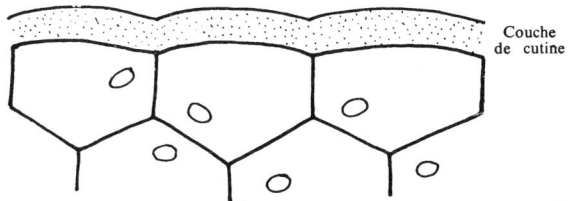

La cutinisation de la membrane cellulosique

b) Se subérifier : *c'est la subérification*

La cellule s'entoure de liège, « subérine », qui forme un manchon plus ou moins épais constitué de nombreuses couches de cellules aplaties disposées en files radiales.
Le liège forme, comme la cutine, un revêtement protecteur pour les organes ayant atteint leur état « adulte ».
C'est le cas des parties les plus anciennes des racines, des tiges âgées.
Dans certains cas, la formation de liège est très importante : cas du chêne liège *(Quercus suber)*.

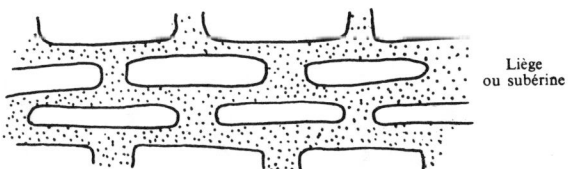

La subérification de la membrane cellulosique

❀
―――――――――――――――
Pour palisser et former les arbres
fruitiers en pépinière par
exemple, n'attendez pas que les
rameaux soient très lignifiés : les
courbures n'en seraient que plus
difficiles à réaliser.

c) Se lignifier : c'est la lignification

La membrane cellulosique s'incruste de lignine, matière brune cassante, riche en carbone et qui augmente la résistance des parois cellulosiques.

C'est le cas d'une tige herbacée qui « s'aoûte » et devient ligneuse.

La lignine se colore en vert par le vert d'iode. (❀)

d) Se gélifier : *c'est la gélification*

La cellulose se transforme en une sorte de gelée formée de gommes : cerisier *(Prunus cerasus)*, pêcher *(Prunus persica)* ou de mucilages : cas du fruit de la tomate *(Solanum Lycopersicum)* pouvant aller jusqu'à se dissoudre complètement *(fruits à maturité)*.

e) Se minéraliser : *c'est la minéralisation*

La membrane s'imprègne - de silice : cas des graminées, - de calcaire : cas des algues, etc

23   *La division cellulaire*

Toute plante provient d'une cellule unique : la cellule œuf (voir chap. 6-16 et 6-17).

La cellule croît puis se divise en deux cellules filles qui vivent :

soit séparément : végétaux uinicellulaires (bactéries…),

soit en association pour former un ensemble de cellules : végétaux pluricellulaires.

La division cellulaire est un acte physiologique de la plante, très complexe et très actif dans les parties jeunes des organes, appelées : cellules initiales.

Nous pourrons distinguer :

231 Amitose

La division s'effectue par simple étranglement : cas des bactéries, des levures.

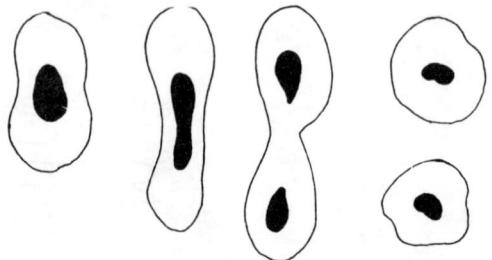

L'amitose de la levure

232 Mitose

La division s'effectue seulement après celle du noyau, opération appelée : caryocinèse.

C'et le procédé le plus courant.

La caryocinèse comprend un certain nombre de phases.

1) La *sphère directrice*, toujours située à côté du noyau, se divise en deux sphères qui s'écartent l'une de l'autre et vont se placer aux deux extrémités d'un même diamètre du noyau.

La membrane nucléaire disparaît.

2) Le filament chromatique du noyau se segmente en un certain nombre de fragments : *les chromosomes (2n)* nombre fixe par espèce.

En même temps apparaissent des filaments, sortes de traînées granuleuses allant d'un pôle à l'autre du noyau et formant une sorte *de fuseau.*

3) Les *chromosomes* en forme de U ou de V *se divisent en 2* dans le sens de la longueur.

Les *chromosomes* jmeaux se déplacent alors le long des filaments du fuseau et se *dirigent*, en sens inverse *vers l'une des sphères directrices.*

4) Chaque groupe de 2n chromosomes se soudent bout à bout et *reforment un filament chromatique.*

5) Une *membrane nucléaire* entoure chaque filament chromatique et il se forme ainsi deux nouveaux noyaux.

6) La caryocinèse terminée, un étranglement au centre de la cellule se produit et deux cellules sont alors issues de la cellule mère.

Nous avons alors, deux cellules filles, comportant chacune un protoplasme, une membrane, un noyau et une sphère directrice. Le noyau comporte *2n* chromosomes : la plante est diploïde.

Les cellules grandiront et pourront se diviser à leur tour.

L'opération totale dure en général 1 à 2 heures et porte le nom de *mitose équationnelle.*

Mais dans certains cas particuliers, les chromosomes ne se divisent pas en deux. Chaque cellule fille ne possède que *n* chromosomes.

C'est le cas de la division des cellules sexuelles donnant les éléments (gamètes) mâles et femelles.

Cette opération particulière porte le nom de *mitose réductionnelle.*

Notons qu'à la formation de l'œuf, provenant de la fusion d'un gamète mâle et d'un gamète femelle, cet œuf retrouvera *2n* chromosomes.

noyau avec
son filament
chromatique

le filament
chromatique
donne les
chromosomes

formation du
fuseau

dédoublement
chromosomique

noyau
reconstitué

membrane
séparative

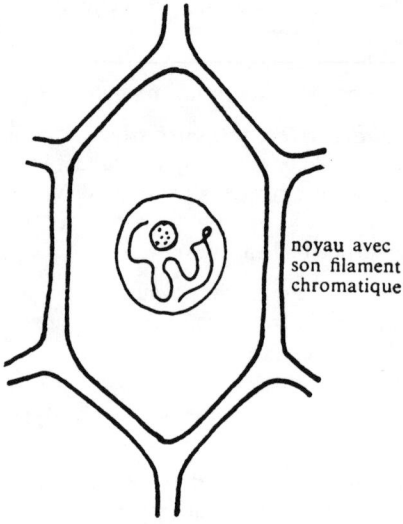

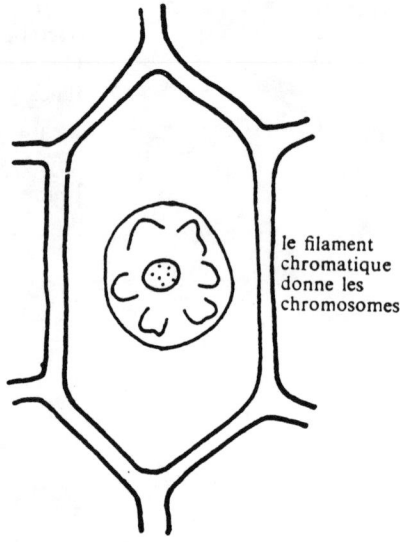

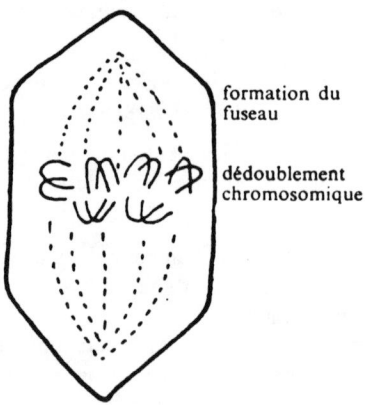

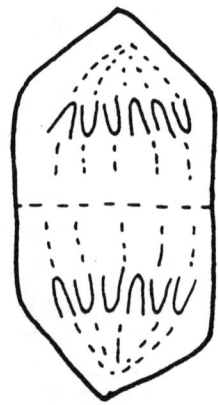

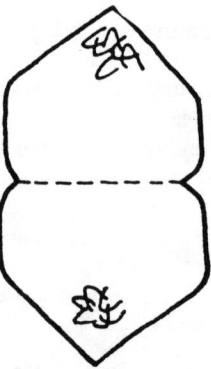

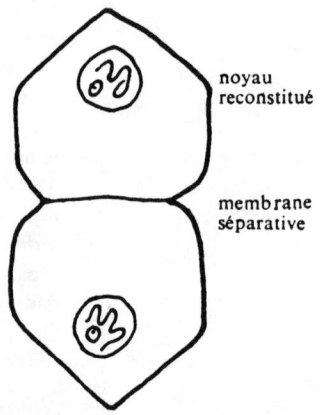

La mitose ou caryocinèse

3

Les tissus

31 *Définition*

Chez les plantes inférieures arrivées à l'âge adulte, le corps végétal tout entier se compose de cellules. Chaque cellule ressemble à sa voisine et travaille souvent pour son compte sans nuire à l'ensemble du végétal : cas de certaines algues ou certains champignons.

Chez les plantes supérieures, au contraire, les cellules évoluent dans diverses directions et revêtent des aspects très variés. On dit qu'elles se différencient, elles s'organisent pour une même fonction.

Elles forment un tissu : cellules du bois, cellules du liège, etc.

Lorsque plusieurs tissus s'associent pour remplir une fonction vitale, *ils constituent un organe* : les différents tissus de la racine, de la tige etc.

32 *Différents tissus*

321 Les tissus jeunes ou méristèmes

❀

L'horticulteur pourra même assurer la multiplication de certaines plantes à partir de boutures de méristèmes ; exemple : œillet *(Dianthus caryophyllus)*, chrysanthème *(Chrysanthemum indicum)*

Ce sont des tissus très jeunes, formés de cellules vivantes, très serrées, ne laissant aucune lacune entre elles (pas de méat).

Ces cellules se multiplient très activement pour déterminer la croissance des organes.

Nous les trouverons surtout dans les graines mais aussi dans les pointes des racines et des tiges pour assurer l'allongement de ces organes, ainsi qu'à l'intérieur pour permettre leur accroissement en épaisseur. (❀)

322 Les tissus adultes

3221 *Tissus à fonctions vitales ou Parenchymes*

Ils sont constitués de cellules vivantes à l'intérieur desquelles se déroulent toutes les fonctions vitales de la plante.

Nous distinguerons :

a) Le tissu chlorophyllien ou *assimilateur* formé de cellules riches en grains de chlorophylle surtout dans le tissu palissadique de la face supérieure des feuilles.

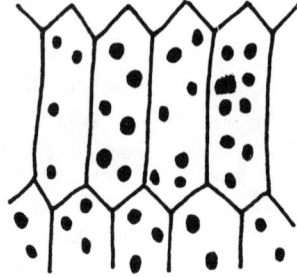

Tissu chlorophyllien du parenchyme palissadique des feuilles

b) Le tissu incolore, que nous trouverons dans les organes souterrains (racines, oignons, tubercules...) et souvent gorgés de matières de réserve.

c) Le tissu sécréteur dont les cellules sécrètent des produits considérés comme les déchets de la plante.
Ces sécrétions sont de nature variée :
- résines des conifères,
- essences des feuilles de sauge *(Salvia splendens)*, de basilic *(Ocimum Basilicum)*, des fleurs (pétales) de rose *(Rosa)*,
- latex des pavots *(Papaver somniferum)*, euphorbe (Euphorbia pulcherrima *(Poinsettia)*, laitue (Lactuca sativa), caoutchouc *(Hevea brasiliensis)*,
- alcaloïdes du tabac *(Nicotiana tabacum)*, du café *(Coffea ara bica)*,
- sucre, nectar des fleurs.

Cette fonction est remplie :
- soit par des cellules sécrétrices,
- soit par des canaux sécréteurs (poils terminés par une glande).

3222 Tissus purement mécaniques

Ils n'interviennent pas dans les fonctions vitales de la plante et n'ont qu'un rôle mécanique.

a) Tissus protecteurs

■ *Epiderme*
Tissu primaire qui est formé par l'assise la plus externe recouvrant les organes.

La paroi extérieure de cette assise se recouvre de cutine et forme la cuticule cireuse, c'est la « pruine ».

Si la cuticule est épaisse, l'organe est rigide : feuille de buis *(Buxus sempervirens)* et favorise la résistance au froid, à la sècheresse.

A la surface de l'épiderme, nous trouverons parfois :
- des saillies : papilles sur pétales de fleurs ;
- des poils : poils secréteurs d'orties *(Urtica dioïca)* ;
- des stomates (voir chap. 4-13).

■ *Liège*

Tissu secondaire constitué de cellules mortes aplaties, remplies d'air, disposées en couches concentriques et radiales.

Elles sont quasi imperméables aux liquides et aux gaz.

Elles viennent suppléer à la disparition des cellules de l'épiderme qui n'est pas « élastique » et qui « éclate » lors du grossissement de la racine et de la tige.

Tout ce qui est extérieur , meurt.

Le liège se forme aussi pour assurer toute cicatrisation. (✱)

❀
La formation du liège en cas de flessures involontaire (cassure) ou volontaire (grosse branche coupée) n'étant pas immédiate, il est bon de prévoir une protection de la plaie avec un mastic.

b) Tissus conducteurs de la sève

■ *Vaisseaux du bois : tissu vasculaire*

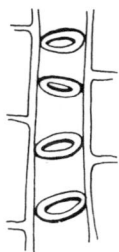
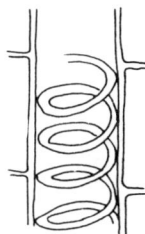

V. annelé   V. spiralé

V. rayé   V. réticulé   V. ponctué

Les vaisseaux du bois

Ils sont formés par les cellules du bois, mises bout à bout.
Ces vaisseaux conduisent la sève brute (eau + sels minéraux) des racines vers les feuilles.

Les parois de ces vaisseaux sont plus ou moins incrustées de lignine leur donnant divers aspects :
- d'abord, vaisseaux annelés :
- puis, spiralés ;
- de formation primaire et que l'on trouve surtout dans les tissus jeunes car ils peuvent encore s'allonger.

Ensuite vaisseaux rayés, réticulés, enfin, ponctués ;
- de formation secondaire et que l'on trouve dans les tissus adultes ne s'allongeant plus.

Ces vaisseaux au début possèdent encore les cloisons transversales des cellules, ce sont des vaisseaux imparfaits.
Puis ces cloisons se gélifient, disparaissent, ils deviennent des vaisseaux parfaits.

Note sur les vaisseaux du bois des conifères

Ces végétaux ne possèdent pas ces différentes sortes de vaisseaux.
Ils sont remplacés par des tubes vasculaires formés de vaisseaux imparfaits appelés trachéides et possèdant des ponctuations latérales.

■ *Vaisseaux du liber* : tissu criblé
Ils sont formé de files de cellules vivantes mais sans noyau et sont présents dans toutes les parties de la plante.
Ils conduisent la sève élaborée venant des feuilles, vers tous leurs points d'utilisation.
Ils comprennent de place en place des cloisons tranversales percées de trous, appelés *cribles*.
Ces cribles jouent le rôle de tamis et permettent à la sève élaborée visqueuse de circuler par égouttage (expérience sur la vigne).
A l'automne, les cribles se bouchent par un cal de cellulose qui se gélifie au printemps dans la plupart des cas.

c) Tissus de soutien

Ces tissus donnent une certaine rigidité aux plantes.
Formés de cellules vivantes à parois cellulosiques épaissies mais non lignifiées, ils constituent le collenchyme, souple mais résistant.

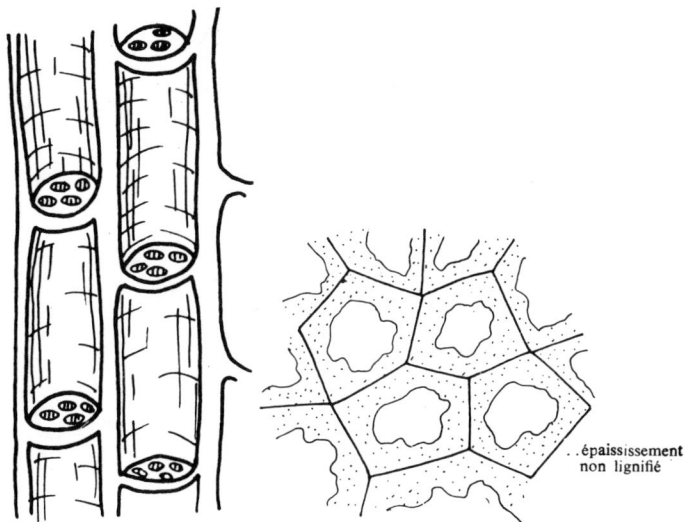

Un vaisseau criblé conducteur de la sève élaborée
Le collenchyme

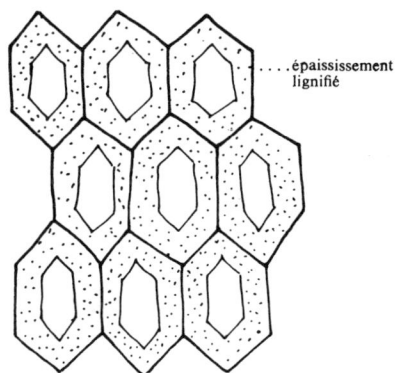

Le sclérenchyme

(Renforcement des angles des tiges herbacées des labiacées).

Ils peuvent parfois former des fibres qui, longues, donnent les fibres textiles (lin à fibres).

Formés de cellules mortes à parois lignifiées et tellement épaissies que la cavité cellulaire a totalement disparu : ils constituent le *sclérenchyme* dur et cassant.

Noyaux de pêche *(Persica vulgaris)*, de cerise *(Cerasus avium)*.

Ils se présente parfois sous forme de cellules (poire Passe-Crassane « pierreuse » sur *Pyrus communis*) ou de fibres (bois des arbres).

Chapitre 4

Anatomie de l'appareil végétatif des végétaux

1

Anatomie de l'appareil végétatif des phanérogames

L'étude anatomique de ces végétaux reposant avant tout, sur l'observation, nous devrons examiner un certain nombre de « coupes microscopiques » faites dans les organes à étudier.

Il s'agira pour nous d'observer l'organisation interne des tissus et donc, de pouvoir les différencier, tels que nous les avons décrits au chapitre 3.

Les coupes seront préparées comme il a été indiqué au chapitre 3-12.

11   Anatomie de la racine

Nous savons qu'il existe dans la racine, deux structures successives : une primaire, une secondaire.

111   Structure primaire

Observons une coupe transversale d'une jeune racine de pommier *(Malus communis)*, dans la région des poils absorbants.

Nous pouvons distinguer de l'extérieur vers l'intérieur.

a) Une assise de cellules régulières dont certaines se prolongent pour donner les poils absorbants. Dans ce cas, le noyau est à l'extrémité du poil : c'est *l'assise pilifère*.

b) Une couche de cellules étroitement accolées : c'est *la zone corticale*.

c) Une assise de cellules cubiques plus ou moins subérifiées : *c'est l'endoderme.*

d) Une assise de cellules régulières alternant avec
celles de l'endoderme : *c'est le péricycle.*

e) Une alternance de faisceaux conducteurs de sève :
- les uns, arrondis et groupés en masses ovales, colorés
en rose,
- les autres plus allongés et groupés en triangle, pointe
retournée vers l'extérieur, colorés en vert.
    Les premiers sont *les vaisseaux libériens.*
    Les seconds *les vaisseaux du bois.*
    Ils sont disposés en alternance.

f) Une masse de cellules de remplissage, située au
centre : la moelle, qui se ramifie entre les faisceaux
libériens et ligneux pour former alors : *les rayons
médullaires.*
- L'assie pilifère est la couche   ⎫ qui font
la plus externe.   ⎬ partie
- La couche corticale, la plus épaisse. ⎪ de l'écorce
- L'endoderme, la plus interne.   ⎭

- Le péricycle, couche la plus externe. ⎫ qui font
- Les faisceaux libériens et ligneux.   ⎬ partie du
- La moelle.   ⎭ cylindre central

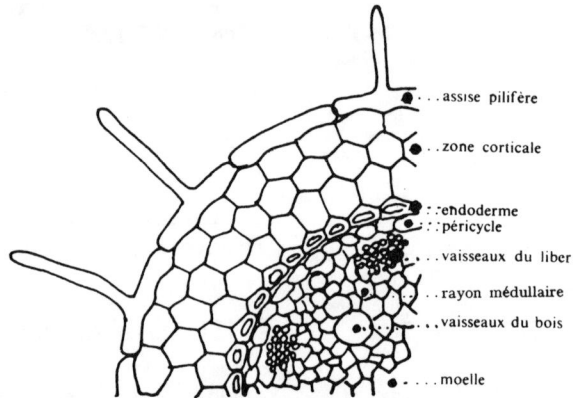

... assise pilifère

... zone corticale

... endoderme
... péricycle
... vaisseaux du liber

... rayon médullaire
... vaisseaux du bois

... moelle

La structure primaire de la racine

112 Structure secondaire : accroissement en épaisseur

Observons une coupe transversale d'une racine de
pommier faite cette fois dans une partie plus âgée ayant
grossi.

1121 Comment une racine s'accroît-elle en épaisseur ?

Par le jeu de deux assises génératrices.
Une assise génératrice est une assise de cellules fonctionnant par divisions successives et où les cellules les plus jeunes repoussent les plus anciennes.
De plus, elle fonctionne dans les deux sens : intérieur et extérieur.

1122 Assise génératrice interne libéro-ligneuse ou
cambium se trouvant dans le cylindre central.
Elle est située :
- en face et à l'intérieur du liber,
- en face et à l'extérieur du bois.

Elle est donc sinueuse.
Elle donne du bois sur sa face interne et du liber sur sa face externe.
Au printemps il circule beaucoup de sève, les vaisseaux sont larges et clairs.
A l'automne, les vaisseaux sont plus petits, plus foncés.

1123 Assise génératrice externe subéro-phellodermique se trouvant dans l'écorce.

Elle est située à l'extérieur de la couche corticale.
Elle est circulaire.
Elle donne du liège sur sa face externe, du phelloderme (parenchyme) sur sa face interne.

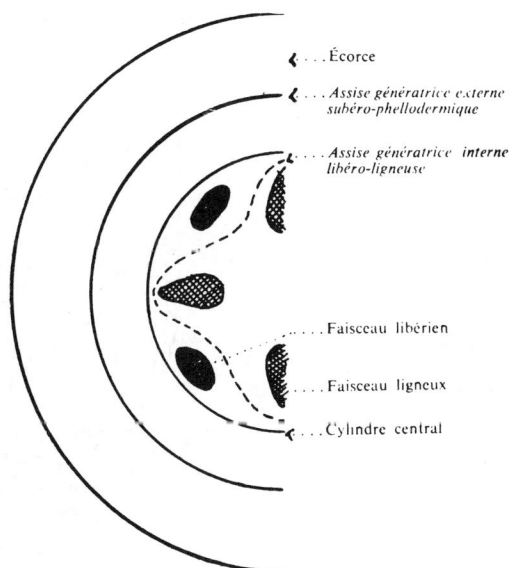

Légende :
- Écorce
- Assise génératrice externe subéro-phellodermique
- Assise génératrice interne libéro-ligneuse
- Faisceau libérien
- Faisceau ligneux
- Cylindre central

Position des assises génératrices de la racine

1124   Que distinguons-nous dans notre coupe de racine secondaire ?

De l'extérieur vers l'intérieur :

a) Dans l'écorce :
une assise subéreuse ayant remplacé l'assise pilifère,
l'assise génératrice externe,
le phelloderme,
la couche corticale primaire,
l'endoderme.

b) Dans le cylindre central :
le péricycle,
le liber primaire,
le liber secondaire,
l'assise génératrice interne,
le bois secondaire,
le bois primaire,
la moelle.

Notons que dans la majorité des monocotylédones les formations secondaires n'apparaissent pas.

113   Accroissement en longueur

Les racines s'accroissent plus ou moins en longueur et les différences peuvent être énormes :
- Quelques centimètres chez le myosotis *(Myosotis alpestris).*
- Plusieurs mètres chez le pommier *(Malus communis)*, le pin *(Pinus sylvestris).*

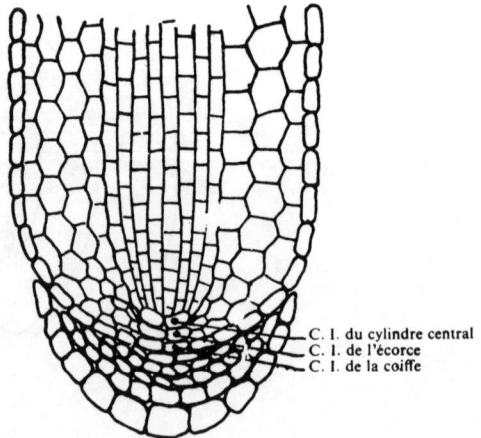

C. I. du cylindre central
C. I. de l'écorce
C. I. de la coiffe

Les cellules initiales permettant l'allongement de la racine

Cette croissance s'effectue sous l'action de trois cellules initiales.

Faisons une coupe longitudinale dans l'extrémité d'une racine.

Nous distinguons trois points de départ de cet allongement :

- 1 cellule donnant naissance au cylindre central,
- 1 cellule donnant naissance à l'écorce,
- 1 cellule donnant naissance à l'assise pilifère et à la coiffe.

Cette dernière est régénérée au fur et à mesure que ses tissus s'usent en pénétrant dans le sol.

Nous comprenons pourquoi l'allongement s'effectue dans la région subterminale de la racine.

114   Ramifications de la racine

La racine principale se subdivise en racines secondaires ou bien tout le système radiculaire est ramifié.

Les radicelles ne sont pas disposées n'importe comment mais suivent des lignes génératrices opposées aux vaisseaux ligneux, ou aux vaisseaux libériens, ou aux deux à la fois... sauf évidemment, pour les racines adventives.

L'origine des radicelles est endogène, c'est-à-dire qu'elles proviennent du cylindre central et percent l'écorce avant de sortir de la racine. (❋)

❋

Les plaies des racines se cicatrisent par l'émission de liège et cette protection s'effectue d'autant plus rapidement que la plaie est nette et franche.

12   *Anatomie de la tige*

121   Structure primaire

Observons une coupe transversale d'une jeune tige de pommier.

Nous distinguons de l'extérieur vers l'intérieur :

a) Une assise de cellules dont la paroi extérieure protectrice est cutinisée (cuticule) : *c'est l'épiderme.* Il présente des stomates mais peu nombreux.

b) Une couche de cellules plus ou moins disposées régulièrement mais laissant entre elles des méats : *c'est la zone corticale.*

Cette zone contient :

- *des chloroplastes* (d'où son rôle dans l'assimilation chlorophyllienne) ;
- *du collenchyme* réparti dans la partie externe de la zone corticale. (Renforcements des angles des tiges de labiacées).

c) Une assise de cellules comme dans la racine : *l'endoderme*

d) Une deuxième assise de cellules : *le péricycle*, alternées avec celles de l'endoderme.
Notons que la différenciation endoderme-péricycle, est plus floue que dans la racine et que de plus ces deux assises n'existent pas chez les Monocotylédones.

e) Différence avec la racine : les vaisseaux du bois et du liber sont superposés et soudés. Ils forment des faisceaux *libéro-ligneux* triangulaires, pointe tournée vers le centre où le liber est vers l'extérieur (teinte rose) et le bois vers l'intérieur (teinte verte).

f) Un tissus de remplissage : *la moelle*, formant entre les faisceaux libéro-ligneux : *les rayons médullaires* (✽).

❀
_____

Un tronc d'arbre se fend assez facilement en suivant les axes radiaux : ce sont les rayons médullaires moins résistants que les faisceaux libéro-ligneux.

- L'épiderme est la couche la plus externe. ⎫
- La zone corticale, la plus épaisse. ⎬ qui font partie de l'écorce
- L'endoderme, la plus interne. ⎭

- Le péricycle, couche la plus externe. ⎫
- Les faisceaux libero ligneux. ⎬ qui font partie du cylindre central
- La moelle. ⎭

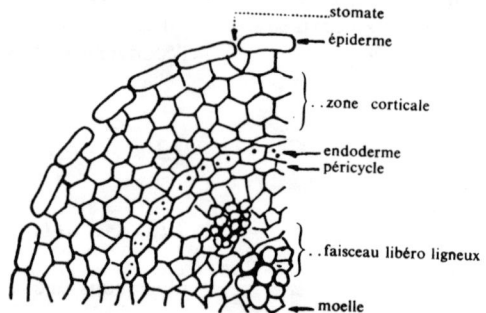

Structure primaire de la tige

En conclusion pour la structure primaire.
Dans la tige :
l'épiderme, remplace l'assise pilifère de la racine,
la zone corticale, comprend des méats, inexistants dans la racine,
l'endoderme et le péricycle, sont mal définis.
Au contraire de la racine, les vaisseaux du bois et le liber sont superposés (ils sont alternés dans la racine).
La différence essentielle entre la tige et la racine, portant sur la disposition des faisceaux libéro-ligneux, comment s'effectue la « jonction » ?

❀
Lorsque nous « écorçons » une tige, nous retirons un lambeau de tissu qui va de l'épiderme au cambium. Il ne reste donc plus que le bois et la moelle sur la tige.
Dans ces conditions, la sève brute peut continuer à circuler des racines vers les feuilles mais la sève élaborée ne peut pas descendre en-dessous de la partie écorcée.
Cette opération est utilisée pour favoriser les organes situés au-dessus de la décortication.
Par contre, une incision profonde coupe aussi les vaisseaux du bois et est utilisée pour favoriser les organes situés au-dessous de l'incision.

❀ ❀
Le bois occupe la plus grande partie des troncs.

❀ ❀ ❀
Si la formation du bois est rapide, les vaisseaux sont gros : le bois est tendre (peuplier : *Populus nigra*).
Si la formation du bois est lente, les vaisseaux sont petits et serrés : le bois est dur (chêne : *Quercus pedunculata*).

❀ ❀ ❀ ❀
Nous pouvons calculer l'âge d'un tronc par le dénombrement des zones annuelles de croissance, chacune comportant une partie de bois ou de liber de printemps et une partie de bois ou de liber d'été.

❀ ❀ ❀ ❀ ❀
Le centre des troncs est dur : c'est le cœur.
A l'extérieur, le bois est plus tendre : c'est l'aubier moins épais, plus poreux, plus clair.
En vieillissant, l'aubier par modification chimique se transforme en « cœur ».

Le changement de structure se passe *dans le collet*.
Juste avant le collet, dans la racine, il apparaît des faisceaux ligneux en face des faisceaux libériens en même temps que les faisceaux ligneux normaux diminuent en nombre.
Juste au-dessus du collet, dans la tige, les faisceaux ligneux normaux de la racine disparaissent en même temps qu'augmente le nombre de ceux qui apparaîssent en face des faisceaux libériens.

122 Structure secondaire : accroissement en épaisseur

Examinons une coupe transversale d'une tige âgée de pommier.

1221 Le fonctionnement des assises génératrices de la tige est le même que celui des assises génératrices de la racine et commence pour la tige à partir de quelques jours, parfois quelques semaines.

1222 Assise génératrice interne libéro-ligneuse ou cambium se trouvant dans le cylindre central

a) Elle passe entre les vaisseaux du bois et ceux du liber.
Elle est donc circulaire et non sinueuse comme dans la racine.
Elle donne du liber vers l'extérieur, du bois vers l'intérieur (❀).

b) Elle a peu d'activité chez les plantes annuelles.
Par contre, elle en a beaucoup chez les végétaux arborescents, surtout côté bois (❀ ❀).

c) Son activité est différente d'une espèce à l'autre et la formation du bois est plus ou moins rapide (❀ ❀ ❀).

d) Comme dans la racine, le rythme d'accroissement est saisonnier.
La sève circule beaucoup au printemps : la zone de bois ou de liber formé est clair et peu compact.
La sève se ralentit en été : la zone, formée plus lentement, a les parois de ses vaisseaux plus épaisses. La zone est plus dure car la fonction *soutien* est plus importante que la fonction *transport* (❀ ❀ ❀ ❀).

e) Les parties de bois les plus âgées sont au centre.
Les parties les moins âgées, à l'extérieur (❀ ❀ ❀ ❀ ❀).

1223   Assise génératrice externe

Elle est située à l'extérieur de la couche corticale.
Elle est circulaire.
Elle donne :

a) Du liège vers l'extérieur, qui se déchire pour former des lenticelles (sorte de stomates dans le liège).
Le plus ancien tombe régulièrement :
soit par plaques fines : cerisier *(Cerasus avium)*, bouleau *(Betula alba)* ;
soit par morceaux : chêne *(Quercus pedunculata)* ;
soit par filasses : vigne *(vitis vinefera)*.

b) Du parenchyme secondaire vers l'intérieur : le phelloderme.

1224   Que distinguons-nous dans notre coupe de tige secondaire ?

De l'extérieur vers l'intérieur :

a) Dans l'écorce :
- un épiderme liégeux mort qui peut tomber ou non,
- un tissu de soutien,
- l'écorce primaire,
- l'assise génératrice interne,
- un parenchyme cortical secondaire,
- les restes du parenchyme cortical pimaire.
L'endoderme et le péricycle ne se distinguent plus.

b) Dans le cylindre central :
- le liber primaire,
- le liber secondaire,
- l'assise génératrice interne,
- le bois secondaire,
- le bois primaire,
- la moelle.

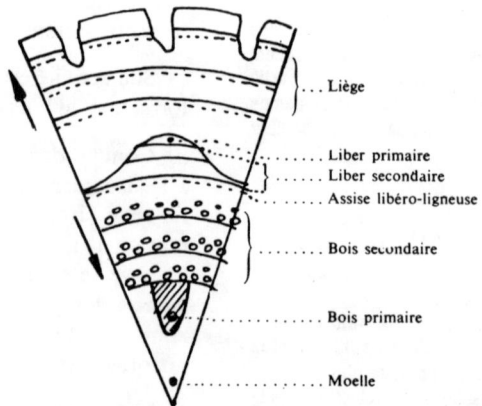

Structure secondaire d'une tige

Notons que dans la majorité de Monocotylédones, les formations secondaires n'existent pas.
Il n'y a pas de cambium entre bois et liber.
L'épaississement des faisceaux libéro-ligneux est remplacé par l'augmentation de leur nombre.
- Chez les Gymnospermes le bois est homogène car il n'y a qu'une seule pousse : celle du printemps, donc un seul aspect de vaisseaux.
- Toute plaie produite sur les tiges des végétaux (volontairement : taille ou involontairement : accident) doit se cicatriser par l'émission de liège protecteur contre : l'air, l'humidité, les maladies (❀).

❀
Pour favoriser cette cicatrisation, il faut effectuer des coupes franches et nettes.
Pour protéger le végétal en attendant cette cicatrisation, surtout si la plaie est grande, il faut appliquer du mastic.

123 Accroissement en longueur

Nous savons qu'il existe deux sortes d'allongement.

a) Un allongement intercalaire :
par allongement des cellules de cette région jusqu'à leur stade adulte.

b) un allongement terminal :
par trois cellules initiales superposées comme pour la racine mais,
l'une donnant directement l'épiderme,
la deuxième, l'écorce,
la troisième, le cylindre central.

Cet allongement assure la régénération du bourgeons terminal qui s'épanouit en écartant ses « feuilles » de plus en plus.
Notons que les gymnospermes ne présentent qu'une seule cellule initiale.

124 Ramification de la tige

Les ramifications de la tige, s'effectuent à partir d'un bourgeon.
Leur origine est externe à l'encontre de celle des ramifications de la racine (❀ ❀).

❀ ❀
Il est facile d'éclater une branche du tronc : l'ébourgeonnement du poirier, du pommier consiste à détacher à la main les jeunes rameaux superflus.
Il est difficile d'éclater une radicelle de la radicelle de la racine principale.

13 *Anatomie de la feuille*

Il n'existe pas de structure secondaire dans une feuille.
Les feuilles sont
- soit caduques et tombent tous les ans,
- soit persistantes et tombent moins régulièrement, restent plus longtemps sur l'arbre tout en étant d'avance remplacées.

Par contre, la feuille comprend anatomiquement deux parties distinctes : le limbe et le pétiole.

131 Structure du limbe

Examinons au microscope une section transversale du limbe d'une feuille de haricot *(Phasaeolus vulgaris)*. Nous distinguons du dessus vers le dessous :

a) Une assise de cellules aplaties dont la membrane extérieure est légèrement cutinisée : *c'est l'épiderme supérieur.*

b) un tissu composé de cellules jointives en forme de palissade, très riche en grains de chlorophylle : *c'est le parenchyme palissadique.*

c) Un tissu composé de cellules arrondies, irrégulières avec de larges méats entre elles et moyennement riche en grains de chlorophylle : *c'est le parenchyme lacuneux.*

d) Une assise de cellules, à la face inférieure, nettement moins cutinisées qu'à la face supérieure, mais garnie de nombreux orifices : *c'est l'épiderme inférieur avec les ostioles des stomates.*

e) Dans le parenchyme lacuneux, nous apercevons les faisceaux libero-ligneux qui ne sont autres que les *nervures.*
La nervure principale occupe toute l'épaisseur du limbe.
Les nervures secondaires renforcées par du collenchyme ou du sclérenchyme, jouent à la fois un rôle de conducteur de sève et de tissu de soutien.

f) Les *stomates* que nous avons distingués dans l'épiderme inférieur, sont composés de deux cellules en forme de rein se touchant à chaque bout et laissent entre elles un petit orifice : *l'ostiole.*

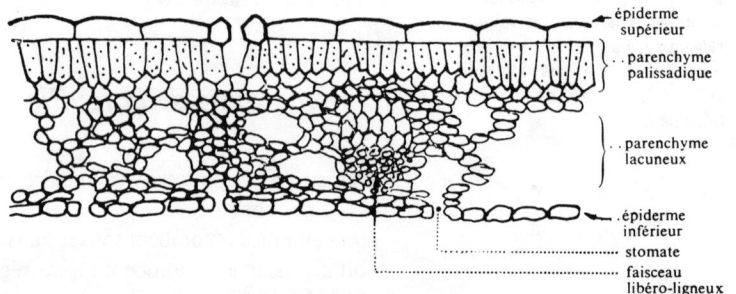

épiderme supérieur
parenchyme palissadique
parenchyme lacuneux
épiderme inférieur
stomate
faisceau libéro-ligneux

Structure du limbe de la feuille

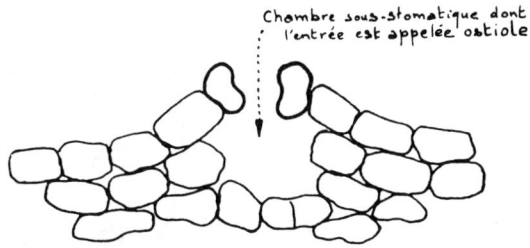

Chambre sous-stomatique dont l'entrée est appelée ostiole

Le stomate

Cette ostiole débouche sur la *chambre sous-stomatique.*

La turgescence plus ou moins grande des deux cellules de l'ostiole ouvre ou ferme le stomate.

Nous pouvons voir de place en place, des stomates où la chambre sous-stomatique est spongieuse : c'est alors un *stomate aquifère* qui rejette l'eau sous forme liquide et non gazeuse.

Nous pouvons décompter plusieurs milliers de stomates au centimètre carré. (Voir leur rôle dans le chapitre « Physiologie »).

Notons une symétrie bilatérale par rapport à la nervure centrale.

Aussi la feuille de monocotylédones est-elle considérée comme une feuille de Dicotylédones pliée en deux. De ce fait, nous trouverons un tissu lacuneux et des stomates en nombre égal sur les deux faces.

Ce qui est normal puisque toutes les plantes de ce groupe ont leurs feuilles se trouvant dans une position se rapprochant de la verticale.

132 Structure du pétiole

C'est en fait un simple « conduit » ayant aussi un rôle de soutien.

Une coupe microscopique nous montre :

- un épiderme avec quelques stomates,
- un parenchyme de remplissage plus ou moins vert grâce aux grains de chlorophylle,
- des faisceaux libéro-ligneux assez nombreux.

Si nous faisons notre observation microscopique sur une feuille caduque à l'automne, nous apercevons une assise génératrice à la base du pétiole.

C'est le fonctionnement de cette assise qui règle *la chute des feuilles.*

A la fin de l'automne, l'assise forme perpendiculairement au pétiole, une couche interne et une couche externe de liège qui, par la suite, se gélifient.

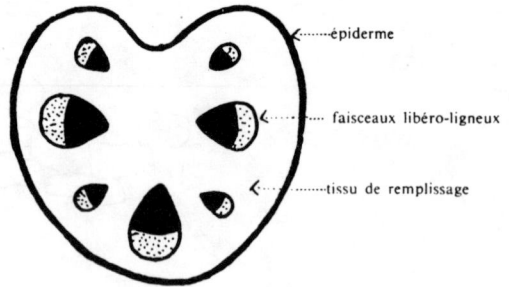

Structure du pétiole

Les feuilles ne sont donc plus retenues que par les faisceaux libéro-ligneux qui parcourent le pétiole ; le vent provoque leur cassure.

En même temps que les feuilles tombent, les plaies sont toutes subérifiées.

2

Anatomie de l'appareil végétatif des cryptogames

Nous garderons la même progression d'observation chez les Cryptogames que pour leur étude morphologique, c'est-à-dire du plus évolué (le plus près des Phanérogames) vers le plus simple (bactérie unicellulaire).

21 Les fougères

Elles possèdent racine, tige et feuille qui, anatomiquement sont identiques à celles des Phanérogames.
Nous pourrons distinguer :

- dans la racine :
écorce,
endoderme,
péricycle,

faisceaux libériens et ligneux, avec cellule initiale pour l'allongement ;

- dans la tige :
épiderme à stomates,
écorce,
endoderme,
péricycle,
mais un anneau de liber entourant le centre de faisceaux ligneux, avec cellule initiale pour l'allongement ;

- dans la feuille
épiderme inférieur et supérieur avec stomates,
parenchyme,
nervure, faisceaux libéro-ligneux.

22   Les mousses : sphagnum

Elles commencent à se différencier nettement des Phanérogames :

a) Par l'absence de vaisseaux.

b) Par l'absence de racines.

c) Les tiges et les feuilles de sphagnum contiennent beaucoup de cellules vides, remplies d'air ou d'eau, avec des renforcements des parois pour augmenter la solidité des organes.
Ces cavités « les transforment » en « éponges » (❋).

d) Les tiges comportent une écorce et une moelle.

e) Les feuilles sont constituées d'une couche de cellules et possèdent des nervures et des chambres respiratoires.

❋
_____
Les sphagnum sont utilisés par les horticulteurs dans la préparation de certains mélanges terreux devant conserver une humidité relative.

23   Les champignons

Ce sont des végétaux sans vaisseaux, ne comprenant ni racines, ni tiges, ni feuilles.
Ils sont constitués d'une seule cellule (levure de bière) ou de plusieurs cellules : *le Thalle.*
Le Thalle peut être cloisonné : champignon de couche *(Psalliota hortensis),* ou non cloisonné : mildiou de la pomme de terre *(Phytophtora infestans).*
Dans ce dernier cas, le mycélium comprend une cavité unique qui contient plusieurs noyaux.

24   Les algues

Anatomiquement semblables aux champignons.
Elles ne possèdent, comme eux, ni vaisseaux, ni racines, ni tiges, ni feuilles.
Elles peuvent être constituées d'une ou plusieurs cellules microscopiques ou gigantesques.

25   Les lichens

Une coupe microscopique nous permet de distinguer :
- un épiderme supérieur,
- un thalle filamenteux comprenant des cellules vertes,
- un épiderme inférieur,
- des crampons de fixation.

Les cellules vertes sont des algues vertes unicellulaires.
Tout le reste est constitué par un champignon.
C'est une association dite symbiotique (voir « Physiologie »).

Chapitre 5
Physiologie végétale

1
Physiologie des plantes vertes ou plantes à chlorophylle

Nous suivrons pour cette étude, une progression :
- tenant compte des processus d'évolution des sèves,
- en résolvant les problèmes physiologiques qui se poseront au fur et à mesure de notre cheminement.

11   L'eau et les sels minéraux

111   Quelle est la composition des végétaux ?

La détermination des différents éléments qui les composent, peut se faire par l'analyse.

1111 Méthode analytique

a) L'élément essentiel qui prédomine est *l'eau* qui, en moyenne forme de 70 à 90 % du végétal et même 95 % dans les fruits charnus et certains légumes feuilles.
Mais dans les graines et les fruits secs, ce pourcentage tombe à 10 %.
Le poids de l'eau est déterminé par dessiccation :
Poids frais − poids sec = poids de l'eau.

Mais précisons qu'il ne s'agira là que de *l'eau libre*, c'est-à-dire de celle qui entre dans la constitution du protoplasme pour former le « gel » et de celle qui se trouve dans les vacuoles, assurant la turgescence des cellules.
Il ne s'agit aucunement de *l'eau de constitution* de certaines molécules chimiques.

b) Puis, après incinération, il reste 2 g/l de sels minéraux parmi lesquels nous pouvons citer :
potassium, magnésium, calcium, zinc, bore, soufre, fer, phosphore, arsenic, chlore, cuivre, etc.
Evidemment les matières albuminoïdes contenant :
carbone, hydrogène, oxygène, azote
ont été détruites par le feu et se sont dégagées sous forme de gaz carbonique, vapeur d'eau, gaz ammoniac.

c) En conclusion, un végétal est composé en moyenne de : 45 % de carbone, 40 % d'oxygène, 6 % d'hydrogène le reste étant des matières minérales, dont 3 % d'azote, 2 % de calcium.
Cette méthode analytique permet de connaître la composition brute du végétal mais nous lui reprocherons de ne pas nous préciser le rôle de chacun de ces corps, surtout pour les 5 derniers %, composés de matières minérales.
Les chercheurs l'ont complété par :

1112   *La méthode synthétique*

a) Elle consiste à élever les plantes dans une solution nutritive, très étendue, dont on fait varier la composition.
On arrive ainsi à déterminer son meilleur équilibre.
Knop avait mis au point une formule comprenant : du nitrate de chaux, du nitrate de potassium, du phosphate monopotassique, du phosphate de fer, du sulfate de magnésium, etc., soit, au total, la mise à disposition de dix corps chimiques :
- en comptant le carbone pris dans l'air (voir « Assimilation chlorophyllienne ») ;
- hydrogène, oxygène, azote, calcium, potassium, soufre, magnésium, phosphate et fer.

b) Les chercheurs en ont déduit :
- que les sels minéraux étaient indispensables à la vie végétale,
- qu'ils se dissolvaient dans l'eau,
- qu'ils donnaient des solutions minérales (❀) de concentrations variables et que les éléments essentiels en dehors de C, H, O, N, base des composants dits ternaires et quaternaires, étaient :
K   sous forme de sels de potassium, important dans les bulbes, les fruits,
Ca   sous forme de sels de calcium,
S   sous forme de sulfates, se trouvant dans les protides,
Fe   indispensable pour la formation de la chlorophylle,
P   de phosphates, entrant dans la composition des matières organiques,

---

❀

Nous verrons que C est absorbé dans l'air ; H et O viennent de l'eau.
Par expérience agronomique, trois sels ont retenu spécialement l'attention comme sels agissant en quantités importantes : N, P et K.
Mais nous savons aussi que l'absence de certains autres sels peut déclencher des anomalies végétatives appelées maladies physiologiques de carence :
cas du bore : maladie du liège des pommes, du cœur de betterave ;
cas du fer : chlorose.

Mg entrant dans la composition de la chlorophylle,
N étant absorbé sous forme de nitrates et de sels ammoniacaux.

c) Mais il faut tenir compte du rôle des élément secondaires, appelés aussi micro-éléments, comme :
le zinc, le bore, l'iode, le cuivre, le molybdène, le silicium, le brome.

112   Mise en évidence de l'absorption de l'eau et des sels minéraux

1121 Arrachons une plante, laissons-là à l'air : elle meurt.

Trempons-la dans une solution nutritive : elle vit.

Conclusion. La plante se nourrit par ses racines (❀).

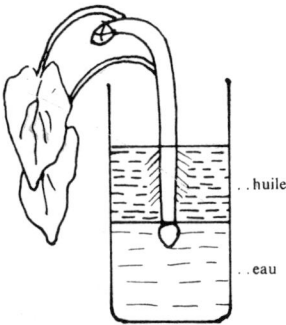

huile

eau

1re expérience

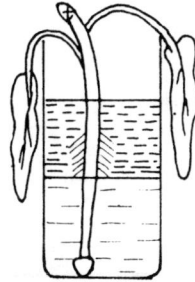

2e expérience

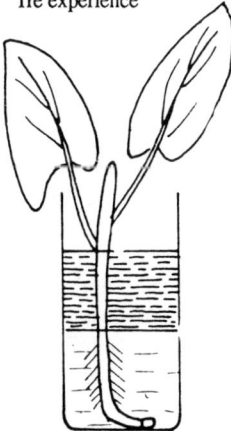

3e expérience

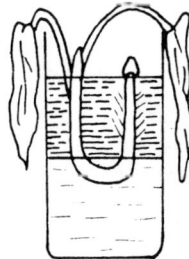

4e expérience

La plante se nourrit par les poils absorbants

113   Mécanisme de l'absorption

1131   Recommençons l'expérience de Dutrochet.

Prenons un critallisoir rempli d'eau pure.
Plaçons dans cette eau, un verre de lampe surmonté d'un tube et dont la partie renflée est fermée par une vessie, membrane perméable.

Ce verre de lampe est rempli d'eau sucrée. Les deux niveaux s'équilibrent.
Dans un premier temps, le volume du liquide du verre de lampe augmente et le niveau monte dans le tube. Il y a passage de l'eau pure à travers la membrane perméable.
Dans un deuxième temps, le niveau redescend et l'équilibre se rétablit, mais alors, l'eau pure du cristallisoir est sucrée. Il y a eu passage du sucre à travers la membrane perméable.

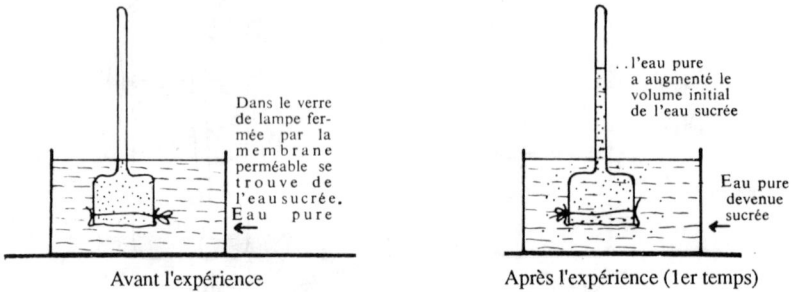

Dans le verre de lampe fermée par la membrane perméable se trouve de l'eau sucrée. Eau pure

..l'eau pure a augmenté le volume initial de l'eau sucrée

Eau pure devenue sucrée

Avant l'expérience   Après l'expérience (1er temps)

Expérience de Dutrochet

Conclusions

1) Les substances cristalloïdes (les sels minéraux en sont) peuvent passer à travers une membrane perméable, et la membrane cellulosique de la cellule en est une.
2) Il y a recherche d'un équilibre entre les deux solutions séparées par une membrane perméable. La solution la moins concentrée est d'abord attirée par la solution la plus concentrée, ce qui a pour effet d'augmenter la pression dans le contenant de celle-ci.
Cette pression s'appelle : *pression osmotique* (❋), et est d'autant plus élevée que le déséquilibre est grand.

3) Seules, les solutions cristalloïdes peuvent traverser une membrane perméable et non les solutions colloï-

❋
Cette pression osmotique provoque la turgescence de la cellule.
Ce phénomène répété de cellule en cellule, donne à la plante son maintien.
Si par un manque d'eau dans le sol, la pression osmotique venait à diminuer, la plante « fanerait ».

❀

1) Ce phénomène explique, vu la faible concentration de sels minéraux dans le sol, donc la faible concentration des solutions minérales mises à la disposition des plantes, la nécessité pour les végétaux de disposer d'une quantité d'eau importante et c'est pour cela que les engrais sont appelés des « économiseurs d'eau ».

2) Le mécanisme d'absorption des sels minértaux explique aussi pourquoi plus le sol est pauvre en éléments minéraux et en eau, plus le système radiculaire est important.

3) La sélectivité des racines sur les divers sels minéraux, compte tenu des besoins d'une espèce considérée, explique en partie la nécessité des rotations de cultures et aussi les exigences de certaines plantes : sols acides, sols basiques.

❀ ❀

Ces secrétions étant spécifiques à chaque espèce végétale elles expliquent en partie la nécessité des rotations de cultures puisque certains excès dans les quantités de produits formés, pouraient aller jusqu'à l'intoxication du sol.

❀ ❀ ❀

L'horticulteur cherche par tous les moyens à favoriser le développement du système radiculaire :
- en facilitant sa croissance : labours, drainages...
- en aidant sa multiplication :
  - par repiquage : développement des systèmes fasciculés,
  - par buttage ⎱ développement
  - par roulage ⎰ des racines adventives

dales, ce qui explique que le contenu cellulaire ne puisse s'échapper.

4) La membrane cellulosique laisse donc rentrer l'eau et tous les sels minéraux divers, mais la membrane albuminoïde sélectionne en partie les sels nécesaires.
Cette sélection est réglée par l'utilisation.
Plus un sel est utilisé par la plante, plus son entrée est facilitée et vice versa.
Malheureusement certains sels nocifs ne sont pas « sélectionnés » : chlorate de soude.

5) Ce mécanisme appelé *osmose* (❀) permet l'absorption par le poil absorbant de l'eau et des sels minéraux qui ainsi, diminue la concentration de son suc vacuolaire, d'où appel par la cellule voisine et ainsi de suite : il y a pénétration de cellule en cellule.

1132 Si les racines absorbent les matières minérales par osmose, elles se trouvent aussi en présence de substances insolubles : roches dures, ciment etc.
Les racines émettent des acides (❀ ❀) (acide carbonique, acide oxalique) dont le rôle est de dissoudre ces substances.

114 Rôle des racines

Les racines ont un rôle de fixation mais aussi d'absorption.
Leur développement est proportionnel à la richesse du sol en éléments fertilisants mais il est souvent semblable à celui des organes aériens dans des conditions normales de culture. (❀ ❀ ❀)

115 Qu'est-ce que la sève brute ?

On appelle sève brute, les sels minéraux en solution dans l'eau.

12 La transpiration

121 Définition

C'est la fonction par laquelle une plante rejette sous forme de vapeur d'eau dans l'atmosphère, l'excès d'eau contenu dans la sève brute et permet ainsi sa concentration.

122   Mise en évidence de la transpiration

1221 Plaçons une plante empotée dans un récipient verni et hermétiquement clos dessus-dessous, sous une cloche étanche.
L'intérieur de la cloche se couvre de buée.

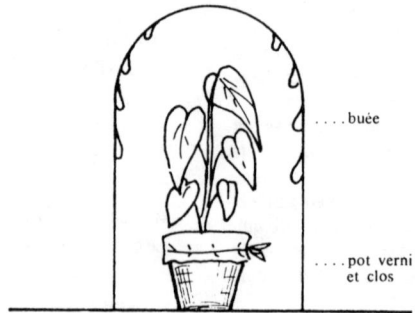

. . . . buée

. . . . pot verni
et clos

Conclusion. Une plante transpire par ses organes aériens.

1222 La même plante dans son même contenant est pôsée sur le plateau d'une balance.
Au bout d'un certain temps, il y a diminution de poids.

Conclusion. Une plante transpire bien par ses organes aériens et la différence de poids dans l'expérience décrite peut donner la mesure de la transpiration.

1223 L'expérience du potomètre

Un tube en U reçoit d'un côté une plante, de l'autre côté un tube fin le tout rempli d'eau et fermé hermétiquement à la base des feuilles du végétal.
Au bout d'un certain temps, l'eau s'est déplacée dans le tube fin. Son volume a diminué.
Conclusion. Ce sont les racines qui absorbent l'eau et les feuilles qui transpirent.

123   Organe de transpiration

Nous savons que ce sont les feuilles qui transpirent.
Plaçons sur chacune des feux faces d'une feuille, un tube contenant du chlorure de calcium et fermé hermétiquement.

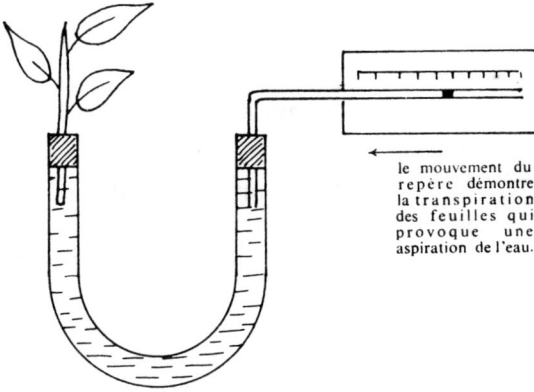

Expérience du potomètre

le mouvement du
repère démontre
la transpiration
des feuilles qui
provoque une
aspiration de l'eau.

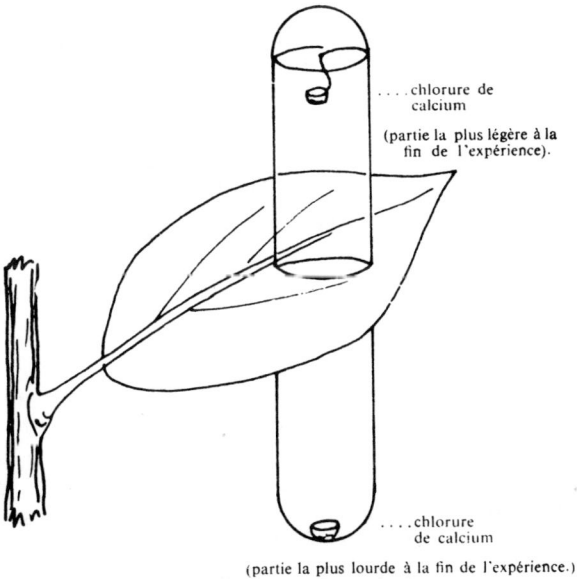

....chlorure de
calcium

(partie la plus légère à la
fin de l'expérience).

....chlorure
de calcium

(partie la plus lourde à la fin de l'expérience.)

***Les feuilles transpirent par les stomates
plus nombreux à la face inférieure des feuilles***

Par différence de poids, nous verrons que la face inférieure de la feuille a évacué beaucoup de vapeur d'eau
(tube plus lourd : le chlorure de calcium a fixé beaucoup d'eau) et la face supérieure, beaucoup moins.

Conclusion. La face inférieure comporte beaucoup de
stomates.
La face supérieure ne transpire qu'à travers sa cuticule.
Les feuilles transpirent donc le plus par leurs stomates.

124 Importance de la transpiration

1241 *Volume d'eau transpirée*

Le volume d'eau transpirée peut être très important.
On cite les chiffres :
- de 100 1/j pour un pommier tige,
- autant pour un hêtre,
- 1 200 000 litres pour un hectare de pré ⎱ par an (❀)
- 3 000 000 litres pour un hectare de blé ⎰

1242 *Variations de la transpiration*

Elle dépend :

a) De la surface des feuilles, c'est-à-dire du nombre de
stomates (❀ ❀).

b) De la température (❀ ❀ ❀) : maximum à 45°, au-
dessus la plante meur.

c) De la sécheresse de l'air (❀ ❀ ❀ ❀).

d) De l'agitation de l'air : l'air agité accélère la
transpiration.

e) De la lumière : qui provoque l'ouverture des stomates.

f) De l'heure : maximum à 11 heures.

g) De la plante : les plantes herbacées transpirent plus
que les plantes persistantes.

125 La sudation

C'est le rejet de l'eau en excès dans la sève brute sous
forme liquide et non de vapeur.
La sudation complète ou remplace la transpiration
lorsque les conditions extérieures limitent ou arrêtent
cette dernière : excès d'humidité atmosphérique.
Ce qui est la preuve que coûte que coûte, cet excès
d'eau doit être éliminé.
Elle se manifeste par des gouttelettes d'eau qui se forment sur les bords ou à l'extrémité des feuilles.

❀

1) Ce volume d'eau étant nécessaire pour ramener dans les
feuilles les sels minéraux de la
sève brute nous pourrons en
déduire que pour toutes les cultures horticoles :
- il faut économiser l'eau : l'em-
magasiner par des labours profonds, éviter son évaporation par
des binages.
- chaque fois que les chutes de
pluie seront insuffisantes,
2) Ne pas oublier que tout arrachage d'arbre déclenche :
- une diminution de la vapeur
d'eau atmosphérique,
- une augmentation de l'humidité
du sol, d'où risque de marais.
Raison pour laquelle aussi l'as-
sainissement de certaines terres
humides peut se faire grâce aux
plantations de peupliers, avides
d'eau.

❀ ❀

Si la plante transpire beaucoup et
ne dispoe pas de beaucoup
d'eau : elle flétrit .
C'est le cas :
- des boutures feuillées dont on
doit réduire considérablement la
surface foliaire ;
- des végétaux transplantés où
le volume de la partie aérienne
doit rester inférieur à celui de la
partie souterraine.

❀ ❀ ❀

Plus la température moyenne de
culture est élevée, plus les arrosages et bassinages seront fréquents et copieux.

❀ ❀ ❀ ❀

Cas de l'auto résistance de certaines plantes :
- par cutinisation de leurs
feuilles,
- par transformation des feuilles
en épines (cactacées).

Elle a lieu par des stomates aquifères et lorsque le tissu aquifère est rempli du sucre, il y a formation de nectar : cas des fleurs.

13   L'assimilation chlorophyllienne

131   Définition

1311   Le carbone, élément vital pour la plante

Nous savons que la plante absorbe l'eau et les sels minéraux dans le sol.
Le carbone se trouve sous trois formes :

a) Carbone organique, mais les plantes vertes ne peuvent l'assimiler.

b) Carbone minéral, même problème car les carbonates sont rarement solubles.

c) Il ne reste donc que le carbone, dit atmosphérique, celui qui est combiné avec de l'oxygène pour former le gaz carbonique.

Les plantes vertes fixent donc le carbone à partir du gaz carbonique de l'air (ou dissous-dans l'eau pour les plantes aquatiques : *Elodea canadensis*).

1312   Qu'est-ce que l'assimilation chlorophyllienne

L'assimilation chlorophyllienne est la fonction par laquelle les plantes vertes, à la lumière :

1) Absorbent le gaz carbonique de l'air,

2) Rejettent de l'oxygène,

3) Effectuent la synthèse des éléments de la sève élaborée par combinaison de ceux de la sève brute et du gaz carbonique.

132   Mise en évidence de l'assimilation chlorophyllienne

1321   Plantes vertes vivant dans l'air

Plaçons une plante sous une cloche contenant un certain volume de gaz carbonique.
Au bout d'un certain temps, par analyse, nous nous apercevrons que :
- la quantité de gaz carbonique a diminué,

- la quantité d'oxygène a augmenté lorsque la plante était exposée à la lumière et qu'aucun enrichissement en oxygène, au contraire n'était constaté à l'obscurité (voir § 14, chap. 5).

Conclusion. A la lumière, une plante verte absorbe du gaz carbonique et rejette de l'oxygène.

1322 *Plantes vertes aquatiques*

Faisons la même expérience avec une plante d'aquarium connue : *Myriophyllum hippuroïdes* (ou toute autre plante aquatique) placée dans un entonnoir retourné et débouchant dans un tube à essai.

A la lumière et dans une eau riche en gaz carbonique, du gaz se dégage sous forme de bulles et s'accumule au fond du tube à essai.

Plongeons une allumette sur le point de s'éteindre, dans ce tube, après l'avoir retourné. Une belle flamme apparaît : c'est donc de l'oxygène qui s'est dégagé.

Si l'eau ne contient pas de gaz carbonique dissous, il n'y a aucun dégagement gazeux.

Conclusion. A la lumière, une plante verte aquatique rejette de l'oxygène mais à la condition de pouvoir absorber du gaz carbonique.

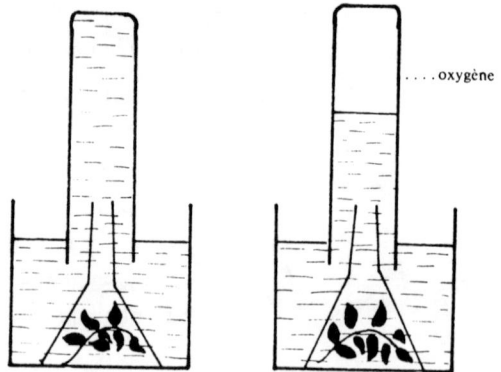

. . . . oxygène

Au début de l'expérience   *Après l'expérience*

La majorité des végétaux ne peuvent se développer qu'à partir d'une certaine température, d'où pour les horticulteurs la recherche des températures optima : cultures sous abri.

L'apport du gaz carbonique dans les serres jusqu'à 10 pour 10 000 de concentration, soit 1000 ppm voire 1500 ppm (ppm = partie par million), accroît l'intensité de l'assimilation chlorophyllienne, d'où rapidité de croissance et augmentation de production.
Technique utilisée pour les laitues *(Lactuca sativa)*, les concombres *(Cucumis sativus)* etc. On conçoit que cet apport ne soit utile que durant le jour.

Il faut tenir compte des exigences des plantes : les plantes de « plein soleil » (cactacées, rosier (Rosa), recevront une lumière plus intense, que les plantes de « mi-ombre » ou « d'ombre » (fougères, cyclamen (cyclamen persicum).
Les horticulteurs favorisent l'assimilation chlorophyllienne par l'allongement de la durée d'éclairement ou de son intensité. Ils accélèrent ainsi la synthèse de la sève élaborée et permettent à la plante de croître plus rapidement. Cette technique est valable pour :
- la culture de la laitue (Lactuca sativa) sous serre,
- les cultures dans les serres à multiplication,
- la croissance des jeunes plantes (chrysanthème *(Chrysanthemum indicum)*, cyclamen *(Cyclamen persicum)*, saintpaulia *(Saintpaulia ionantha)*, gloxina *(gloxina barbata)* ...)
Mais ce procédé (action sur la photosynthèse) est sans rapport avec celui de l'apport de lumière d'appoint ayant pour but de modifier le photopériodisme et agissant ainsi sur le cycle d'apparition des fleurs pour un végétal donné (voir chap. 6-11).

133 Importance de l'assimilation chlorophyllienne

1331 Mesure de l'assimilation chlorophyllienne

Nous venons de voir que cette fonction n'avait lieu qu'à la lumière.
Or, durant ce temps, la respiration continue et cette dernière fonction va à l'inverse de l'assimilation chlorophyllienne : elle dégage du gaz carbonique en absorbant l'oxygène.
Nous procéderons par deux mesures séparées :
- mesure des deux fonctions réunies,
- mesure de la respiration en plaçant la plante dans l'obscurité, puis différence entre les deux mesures pour obtenir la velur de l'assimilation chlorophyllienne.
On appelle quotient d'assimilation le rapport oxygène/gaz carbonique

1332 Variations de l'assimilation chlorophyllienne

Elle dépend :

a) de la température
faible à 0°,
optimum à 25°,
maximum à 45°-50°,
au-delà, mort du végétal. (❀)

b) de la concentration en gaz carbonique .
L'air contient naturellement 0,03 % du gaz carbonique soit 300 ppm, ce qui est suffisant mais l'optimum se situe entre 500 et 1000 ppm selon les plantes. (❀ ❀)

c) de la lumière, et plus particulièrement de la durée d'éclairement, de son intensité, et de ses radiations. (❀ ❀ ❀)

d) de la surface des feuilles (❀ ❀ ❀ ❀, voir p. 116).

134 Mécanisme de l'assimilation chlorophyllienne

1341 La chlorophylle

L'assilimation chlorophyllienne intervient grâce à un pigment vert : la chlorophylle qui colore les feuilles et les tiges herbacées et qui est localisée à la surface des chloroplastes.

❀ ❀ ❀ ❀ (p. 115)

Raison pour laquelle les horticulteurs soignent particulièrement le feuillage des végétaux même si la plante n'est pas cultivée dans un but ornemental (arboriculture fruitière, par exemple).

❀

Blanchissement ou jaunissement à l'obscurité des tissus verts. Technique utilisée par les maraîchers, pour certains légumes : chicorée endive (*Cichorium intybus*), chicorée frisée et scarole (*Cichorium endivia*), poireau butté (*Allium porrum*).

❀ ❀

Une plante exposée uniquement à des radiations vertes ne pourrait pas se développer.
Par contre, les radiations rouges et violettes favoriseraient sa croissance.

La chlorophylle ne se forme qu'à la lumière (❀).

a) Composition de la chlorophylle

Récoltons des feuilles très vertes : épinard *(Spinacia oleracea)* ou laurier cerise *(Prunus lauro-cerasus)*. Hachons-les et faisons-les macérer 24 heures dans l'alcool. Filtrons.

Nous obtenons une solution alcoolisée de chlorophylle brute.

Ajoutons de la benzine à cette solution, agitons et laissons reposer.

A la surface, dans la benzine devenue verte se trouve *la chlorophylle pure*.

En-dessous, dans l'alcool, orangé, se trouvent mélangés *la xantophylle* jaune et *la carotène* rouge.

Seule, la chlorophylle pure joue un rôle dans l'assimilation chlorophyllienne.

Chimiquement, la chloropohylle est une substance protéique contenant du magnésium.

b) Spectre d'absorption de la chlorophylle pure

La chlorophylle pure absorbe les radiations solaires pour en tirer de l'énergie lumineuse.

Mais, quelle sont les radiations utilisées ?

La lumière décomposée par un prisme, laisse apparaître visiblement un spectre de sept couleurs allant du :

rouge
orangé   } rayons calorifiques
jaune

vert
bleu   } rayons chimiques
indigo
au violet

Réalisons l'expérience suivante :

Décomposons la lumière solaire par un prisme. Devant chacune des sept radiations, plaçons un tube plein d'eau, chargé de gaz carbonique, retourné et contenant une plante aquatique.

Au bout d'un temps donné, nous constaterons :

- un dégagement d'oxygène important dans le tube « rouge »,
- un dégagement d'oxygène moyen dans les tubes « orangé », « bleu », « indigo », « violet ».
- un dégagement d'oxygène minime dans le tube « jaune »,
- aucun dégagement dans le tube « vert ». (voir planche page 117).

Conclusion. La chlorophylle n'utilise pas les radiations vertes (❀ ❀).

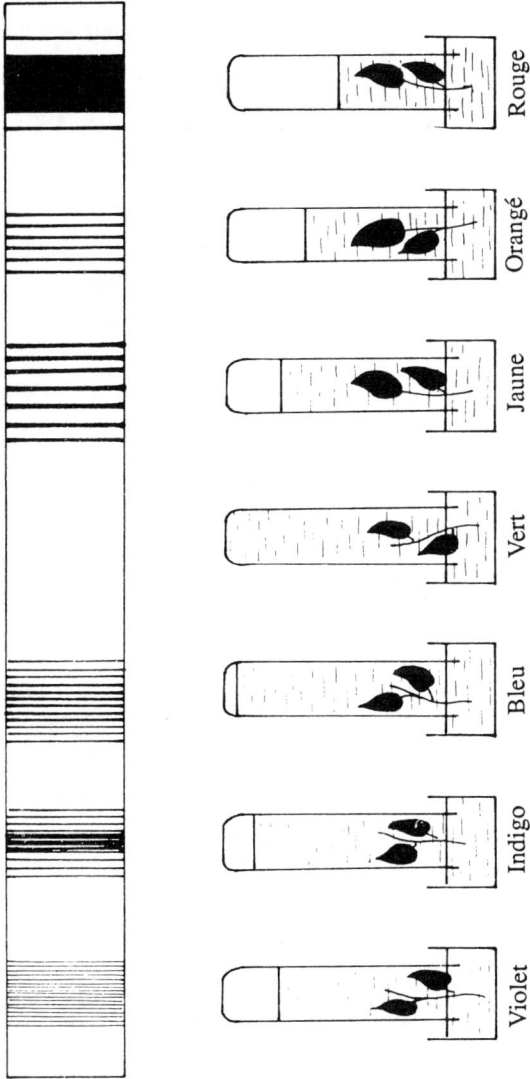

Spectre d'asbsorption

Parfois des pigments surnuméraires cachent la présence de la chlorophylle.

Citons :

- les feuilles colorées de certains végétaux ornementaux,
- le cas des algues qui contiennent : de la phycoérythrine (algue rouge), de la phycocianine (algue bleue), de la phycophéine (algue brune).

La phycocyanine déplace vers le bleu la région d'absorption, seule radiation capable de pénétrer profondément dans les mers.

1342 *Résultats chimiques*

Selon les derniers résultats des travaux de nos chercheurs, nous pouvons dire que :

a) l'énergie lumineuse absorbée permet le clivage de l'eau de la sève brute et sa séparation en hydrogène (H) et oxygène (O) ;

b) la combinaison du gaz carbonique (CO_2) absorbé par l'assimilation chlorophyllienne et de l'hydrogène provenant de l'eau (H_2O) permet la formation de sucre ($C_6H_{12}O_6$) et d'eau (H_2O).

Conclusion. Globalement nous résumerons ces premiers stades en disant que :

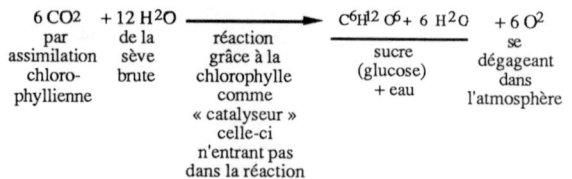

$$6\,CO_2 + 12\,H_2O \xrightarrow[\substack{\text{réaction} \\ \text{grâce à la} \\ \text{chlorophylle} \\ \text{comme} \\ \text{« catalyseur »} \\ \text{celle-ci} \\ \text{n'entrant pas} \\ \text{dans la réaction}}]{} C_6H_{12}O_6 + 6\,H_2O + 6\,O_2$$

6 CO2 par assimilation chlorophyllienne + 12 H2O de la sève brute ⟶ C6H12O6 sucre (glucose) + 6 H2O + eau + 6 O2 se dégageant dans l'atmosphère

et tout ceci grâce à l'appoint des calories fournies par la lumière.

c) Le jour, rapidement, le glucose se transforme en amidon.

Réalisons l'expérience suivante :

Dans une feuille de papier noir, pratiquons des découpures. La feuille de papier est posée sur une feuille verte et est retirée le soir.

Plongeons le limbe dans l'eau iodée ; des découpures apparaissent en bleu foncé car c'étaient les seuls endroits exposés à la lumière et l'assimilation chlorophyllienne a permis à ces endroits la formation de glucose qui s'est transformé en amidon (bleuit l'iode).

d) La nuit, l'amidon est à nouveau transformé en glucose, facilement transportable vers les lieux de stockage des réserves (voir chap. 516).

135 Rôle de l'assimilation chlorophyllienne

La plante augmente de poids par fixation de carbone : plusieurs tonnes de carbone par an pour un hectare de forêt.

La plante assainit l'atmosphère par absorption de gaz carbonique mais seulement à la lumière.

Cette fonction permettant la synthèse des matières organiques grâce à la lumière, porte aussi le nom de photosynthèse (✿).

La sève brute concentrée par la transpiration, sous l'action de la photosynthèse, se transforme en sève élaborée.

14 *La respiration*

141 Définition

La respiration végétale est la fonction, semblable à celle des animaux, par laquelle une plante absorbe de l'oxygène, dégage du gaz carbonique en brûlant des matières organiques.

142 Mise en évidence de la respiration

1421 Réalisons l'expérience suivante :

En agissant

- soit à la lumière avec des champignons (plantes sans chlorophylle),

- soit à l'obscurité ⎱ avec
  soit par anesthésie ⎰ des plantes vertes

pour neutraliser l'assimilation chlorophyllienne, le végétal est placé sous une cloche, avec une base contenant de l'eau de chaux.

Au bout d'un certain temps, l'eau de chaux est troublée, beaucoup plus que si la même expérience était réalisée sans plante sous la cloche, preuve du dégagement de

✿

L'analyse de plantes permet d'apprécier leur bonne nutrition.
Elle peut se faire en tout ou en partie de végétal (par exemple, seulement avec des feuilles).
Elle a un intérêt économique certain sur les plantes pérennes en comprenant mieux l'alimentation de la plante en N-P-K et microéléments et permettant d'agir d'un cycle végétatif sur l'autre (cas de l'arboriculture fruitière).
En horticulture (sur hortensia, sur pélargonium) elle facilitera les conclusions à tirer sur les effets des solutions nutritives adoptées.
En fait, il s'agit d'une mise au point de la fertilisation en affinant les résultats des analyses de sol.
La méthode la plus sûre est celle de la comparaison entre échantillons pris les uns sur des plantes « en bon état végétatif », les autres sur des plantes « posant problème », sous réserve de choisir les échantillons au même stade végétatif.

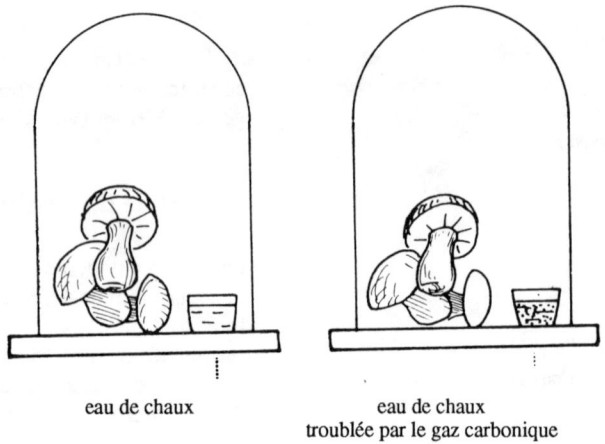

eau de chaux   eau de chaux
troublée par le gaz carbonique

Les végétaux respirent

gaz carbonique, qui, au contact de l'eau de chaux, a formé un précipité de carbonate de calcium.

1422 Plaçons des graines vivantes dans un bocal fermé hermétiquement.

Au bout d'un certain temps, une bougie plongée dans le bocal s'éteint : preuve d'un appauvrissement en oxygène.

Conclusion. Tous les végétaux respirent et, qui plus est, tous les organes respirent.

143 Importance de la respiration

La respiration, varie selon :

a) La température
La plupart de nos plantes indigènes ont une respiration nulle vers 0° et maximum à 45-50°.
Au-dessus, la plante meurt.
Mais un sapin *(Abies alba)* vivant dans des régions froides respire encore à – 20°. (✤)

b) L'âge et la période d'évolution
Les maximum de la respiration sont enregistrés aux époques de forte activité.
Plante herbacée : germination et floraison.
Arbre : éclosion et floraison.

✤

La respiration s'accompagnant d'une perte de carbone (gaz carbonique dégagé) donc perte de poids, l'horticulteur aura intérêt à limiter cette fonction.
En particulier, c'est une deuxième raison (voir § 11-2 chap. 6) pour limiter la température des serres durant la nuit.

c) L'organe
Tous les organes respirent : racines, tiges, feuilles, organes reproducteurs, graines... (❀)

d) La plante
Une plante annuelle respire plus

144 Résultats chimiques de la respiration

La respiration est une oxydation (combustion lente) qui détruit les matières organiques pour former d'autres substances nécessaires à la plante et plus assimilables en redonnant les corps composés de base : gaz carbonique CO_2, eau H_2O, ammoniac NH_3...
Nous pourrions résumer ces réactions de la façon suivante :

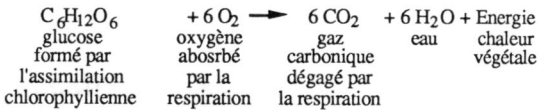

$$C_6H_{12}O_6 + 6\,O_2 \longrightarrow 6\,CO_2 + 6\,H_2O + Energie$$

$C_6H_{12}O_6$	$+6\,O_2$	$6\,CO_2$	$+6\,H_2O$	$+$ Energie
glucose	oxygène	gaz	eau	chaleur
formé par	abosrbé	carbonique		végétale
l'assimilation	par la	dégagé par		
chlorophyllienne	respiration	la respiration		

C'est la réaction contraire de celle de l'assimilation chlorophylienne.

Conclusion

1) Si l'assimilation chlorophyllienne synthétise de la matière carbonée, la respiration en détruit, mais beaucoup moins que l'assimilation chlorophyllienne n'en forme.

2) Si l'assimilation chlorophyllienne consomme de l'énergie qu'elle puise dans les radiations lumineuses grâce à la chlorophylle, la respiration produit de l'énergie.
L'énergie produite est utilisée en partie pour la synthèse des substances nécessaires à la plante.
Le complément se dégage sous forme de chaleur végétale : des graines en tas produisent une certaine chaleur même à l'état de vie ralentie (❀ ❀).

145 La respiration et l'asphyxie

1451 Si une plante est maintenue dans une atmosphère pauvre en oxygène, elle résiste à l'asphyxie en utilisant ses matières de réserves.

❀
──────────────────

C'est aussi le cas du blettissement des fruits qui arrive par
asphyxie (car les fruits respirent)
avec formation d'alcool à partir
du glucose.
Ne pas confondre le blettissement qui commence par le centre
du fruit avec la pourriture qui
débute à l'extérieur.

Certaines, comme le sucre, peuvent, par décomposition, libérer de l'énergie venant remplacer celle produite par la respiration.

Notons que cette somme d'énergie est inférieure dans le cas d'une respiration anaérobie que dans celui d'une respiration aérobie et que si la lutte contre l'asphyxie dure longtemps, la formation d'alcool devient trop abondante et la plante meurt (❀).

1452 Il se forme de l'alcool par décomposition du glucose. C'est le principe même de la fermentation alcoolique.

L'alcool se forme aux dépens du glucose, parce que les levures de bière, qui ont été ensemencées et que l'on place en vie anaérobie, résistent à l'asphyxie.
Il existe de nombreuses fermentations (lactique, acétique, etc.).

15   La circulation des sèves

151   La sève brute

1511   Constatation de la circulation de la sève brute.

a) Coupons une plante au ras du sol
Sur la coupe de la partie restant en terre apparaît des gouttelettes, preuve de la montée de la sève brute à partir des racines.

b) Teintons en rouge, l'eau dans laquelle trempe une partie de végétal ; nous apercevons bientôt les vaisseaux ligneux qui rougiront.

Conclusion. La sève brute circule des racines vers les feuilles.

1512   Causes de l'ascension de la sève brute dans les vaisseaux ligneux.

Trois causes sont avancées, chacune jouant un rôle plus ou moins important.

a) La pression osmotique
Hales a réalisé l'expérience suivante :
Sur le sommet d'un cep de vigne *(Vitis vinifera)* coupé, il a branché un « manomètre » à mercure. Résultat : la pression enregistrée peut aller parfois jusqu'à deux atmosphères.

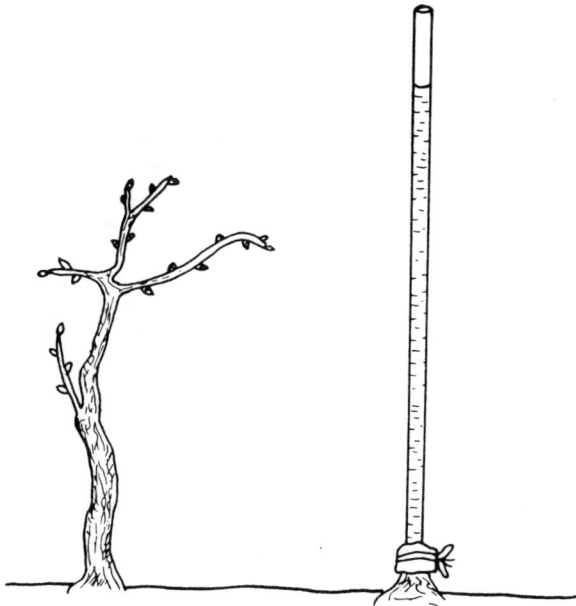

Expérience de Hales
montrant la pression osmotique

Ceci s'explique par le phénomène d'osmose qui permet à la plante d'absorber l'eau et les sels minéraux dans le sol.

Les racines jouent alors le rôle d'une pompe refoulante, *rôle très important* dans la montée de la sève.

b) La transpiration

L'évacuation, sous forme de vapeur d'eau, de l'eau contenue en excès dans la sève brute crée une aspiration continuelle du bas vers le haut.

Les feuilles jouent un rôle de pompe aspirante mais comme telle n'ont *qu'un rôle limité* car des considérations de physique pure nous obligent à limiter ces possibilités d'action à une hauteur de 10 mètres environ.

c) La capillarité

Ce phénomène physique qui permet aux liquides de monter dans les tubes de petits diamètres ne semble avoir *qu'un rôle très limité* car, si les tubes ligneux sont très petits, un certain nombre de bulles d'air circulent avec la sève brute et, coupant la colonne de liquide, doivent rompre la capillarité.

152 La sève élaborée

1521   Constatation de la circulation de sa sève élaborée.

Imprégnons une incision de feuille avec de la fluorescéine.

L'examen de coupe de tige montre à la lumière la pénétration de cette matière fluorescente dans les vaisseaux libériens.

Conclusion. La sève élaborée circule des feuilles vers les lieux d'utilisation.

1522   La sève élaborée est un liquide visqueux, pauvre en eau et en sels minéraux, riche en substances organiques.

Elle est :

a) soit consommée sur place comme élément de croissance ;

b) soit stockée dans divers organes pour être mise en réserve pour une utilisation ultérieure ou pour être accumulée dans des tissus dits secréteurs et en principe inutilisée par le végétal.

16   *Les réserves nutritives des plantes*

161   Localisation des matières de réserve

Tous les organes des végétaux supérieurs, peuvent stocker des réserves nutritives.
Rappelons rapidement :

■ *Les racines* devenues tubéreuses : carotte *(Daucus carota)* navet *(Brassica napus)* betterave *(Beta vulgaris)* dahlia *(Dahlia hortensis).*

■ *Les tiges :*
Aériennes : canne à sucre *(Saccharum officinarum)* érable à sucre *(Acer saccharum)* palmiers.
Souterraines : tubercule de pomme de terre *(Solanum tuberosum)* bulbe de glaïeul *(Gladiolus)* rhizome de chiendent *(Agropyrum repens).*

■ *Les feuilles :*
Aériennes : joubarbe *(Sempervivum arachnoideum).*
Souterraines : oignon *(Allium cepa).*

■ *Les fruits charnus :*
Pomme *(Malus communis).*

❀
_____

Les plantes dites alimentaires, sont cultivées par l'homme pour exploiter les réserves accumulées.

■ Mais le plus souvent, les réseves nutritives se situent dans *les graines :* soit dans l'albumen, soit dans les cotylédons : cas des céréales, des légumes secs, des plantes oléagineuses. (❀)

162 Principales matières de réserve

1621 Les matières hydrocarbonées ou glucides contiennent :

Carbone
Hydrogène } C H O
Oxygène

a) L'amidon
C'est la matière de réserve la plus généralisée. Elle est le type du « produit en stockage » car elle est stable. L'amidon ne circule pas dans la sève élaborée.
Il se rencontre le plus souvent :
- *dans les semences* : pois *(Pisum sativum)* haricot *(Phasaeolus vulgaris)* pour la moitié de leur poids ;
- *dans des organes souterrains* : c'est la fécule de pomme de terre *(Solanum tuberosum)*, le tapioca du manioc *(Manioc utilissima)*.

Sous le microscope, l'amidon se présente sous la forme

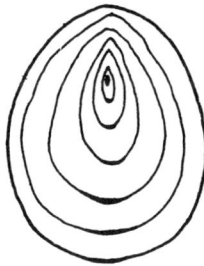
Pomme de terre

Riz

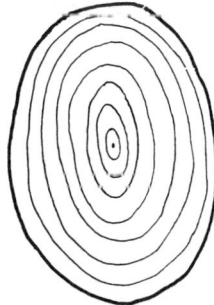
Blé

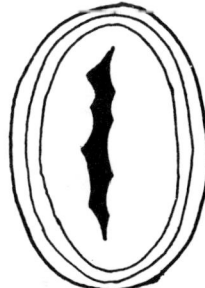
Haricot

Formes variées de l'amidon dans différents végétaux

❀

Cette distinction facilite la répression des fraudes en cas de mélanges de farine.

❀ ❀

Sa recherche facilitée peut permettre de déceler par exemple les fruits mûrs... qui ne doivent plus en contenir (voir § 15-3 chap. 6).

❀ ❀ ❀

Sa solubilité explique pourquoi les topinambours ne peuvent se conserver à l'air libre comme les pommes de terre. Les arrachages doivent se faire au fur et à mesure des besoins.

❀ ❀ ❀ ❀

Ceci explique la valeur gustative et alimentaire de certains fruits charnus : poire *(Pyrus communis)*, pomme *(Malus communis)*, pêche *(Persica vulgaris)*, cerise *(Cerasus avium)* prune *(Prunus domestica)*...

de grains ovoïdes, en couches concentriques au sein de la cellule.
De formes et de dimension variées, on peut très facilement distinguer son origine (❀).

L'amidon est colorable en bleu par l'iode (❀ ❀).

b) L'inuline
C'est une matière analogue à l'amidon mais soluble (❀ ❀ ❀).
Elle provient de la concentration du levulose.
Elle se rencontre dans :
- le topinambour *(Helianthus tuberosus)*,
- le salsifis *(Tragopogon porrifolius)*,
- l'artichaut *(Cynara scolymus)*.

c) Les sucres
Les glucides utilisées par la plante le sont toujours sous cette forme.
Ce sont aussi sous forme de sucres qu'ils circulent dans la sève élaborée. (❀ ❀ ❀ ❀)
Il en existe deux formes principales :

les « sucres de fruits » ou glucose et dextrose :
Ils sont directement assimilables. Ces glucoses peuvent fermenter et donner l'alcool.
Le dextrose critallisé forme les efflorescences des fruits.

Le « sucre de canne » ou saccharose :
Il doit se transformer en « glucose » pour être assimilé : il donne alors des sucres type glucose, dextrose et levulose.
On trouve le saccharose dans les racines de betterave, dans les fruits avec les glucoses, dans le nectar des fleurs.

1622 Les matières grasses ou Lipides contiennent C, H, O, parfois du phosphore (P).

Elles se présentent sous trois formes :

a) Associées avec du phosphore, elles forment des phospholipides, constituants de la cellule.

b) Sous forme de cires, elles servent alors de protection.

c) Sous forme de graisses : ce sont des matières de réserve.

Elles s'accumulent alors
- dans les graines oléagineuses : colza *(Brassica napus oléifera)*, navette *(Brassica campestris oleifera)*, lin *(Linum usitatissium)*, noix *(Juglans regia)*, Arachide *(Arachis hypogae)*.

- dans les fruits oléagineux : olives *(Olea europae)*.
On fabrique une graisse alimentaire « la végétaline »
avec le « beurre » de la noix de coco *(Cocos nucifera)*.
Les lipides circulent dans la sève élaborée sous forme
d'acides gras et de glycérine.

1623 Les matières azotées ou Protides contiennent C, H, O, + azote (N), parfois P et Soufre (S).

a) Aleurone
Les protides en « stockage » le sont sous forme de
grains appelés grains d'aleurone issus de sucs vacuo-
laires desséchés.
On les rencontre dans les graines de céréales, de légu-
mineuses, de plantes oléagineuses.
L'aleurone des céréales s'appelle : gluten.
L'aleurone, en général, est toujours associé à l'amidon.

b) Acides aminés
Asparagine des asperges *(Asparagus officinalis)* par
exemple.
C'est sous cette forme que les protides circulent dans la
sève élaborée.

163 Utilisation des réserves, diastases, vitamines et hormones

Nous savons que la plante utilise ses réserves :
- pour s'accroître (allongements...),
- pour former des organes nouveaux (à partir des
graines...).

Au moment de leur utilisation, ces matières sont transformées, liquéfiées, transportées par les vaisseaux du
liber vers les lieux d'utilisation.
Ces transformations ne peuvent se faire qu'à partir
d'enzymes ou diastases.

Ainsi dans les :	La distase	Transforme	En
glucides {	saccharase invertase amylase	saccharose} saccharose} amidon {	glucose + lévulose glucose + fructose dextrose
lipides	lipase	huiles	acides gras
protides	protease	protides	acides aminés

a) Les diastases sont des catalyseurs biologiques,
composées de substances albuminoïdes agissant à très
faibles doses.

Leur rôle est de digérer les matières de réserve et ainsi d'assurer leur transformation.
Il en existe une par catégorie de substances.

Ce dernier exemple explique comment les plantes carnivores digèrent les insectes capturés : cas des Nepenthes *(Nepenthes alata)*, des Drosera *(Drosera intermedia)*.

b) Les vitamines
Souvent associées aux diastases, elles se retrouvent dans les fruits colorés, les feuilles vertes.
Elles sont indispensables à la vie animale comme à la vie végétale.
Rappelons qu'elles sont détruites à la chaleur (100°).

c) Les hormones, (voir le chapitre 5 § 18).

17   Substances non utilisées par la plante

Ces substances sont aussi stockées par la plante mais leur rôle est très mal connu.
Jusqu'ici elles étaient considérées comme des déchets éliminés par les végétaux.
Beaucoup sont utilisées par l'homme.
Enumérons-en quelques-unes.

171   Substances minérales

a) sous forme d'oxalate de calcium : aiguilles dans les cellules d'oignon *(Allium cepa)*, cristaux dans celles des bégonias *(Begonia gracilis)* ;
b) sous forme de carbonate de calcium : feuille de figuier *(Ficus carica)*.

172   Substances organiques

1721   Les essences

Ce sont des carbures d'hydrogène volatils, solubles dans l'alcool, donnant les « parfums » :
- *dans les feuilles* : thym *(Thymus vulgaris)*, lavande *(Lavandula spica)*, menthe *(Mentha viridis)* ;
- *dans les pétales* (épiderme) : rose *(Rosa)* ;
- *dans la peau des fruits* (poches secrétrices) : citron *(Citrus limon)*, orange *(Citrus sinensis)* ;
- *dans les canaux* : pin *(Pinus sylvestris)*.

1722 Les résines

Mélanges d'essence oxydée et d'essence : résine des
conifères ; copal ; la colophane est une résine dont l'essence a été évaporée.

1723 Le tanin

Rend les cuirs imputrescibles ; ralentit le blettissement
des fruits.
- vacuoles du chêne *(Quercus pedunculta)*,
- fruits non mûrs

1724 Les alcaloïdes

Ce sont des produits organiques.
Les bases des plantes se combinent avec les acides et
donnent des sels.
Beaucoup sont plus ou moins toxiques à forte dose :
- caféine, graine de caféier *(Coffea arabica)*,
- morphine (à partir de l'opium), fruit du pavot
(Papaver somniferum),
- quinine, écorce d'arbres d'Amérique du Sud,
- nicotine, feuille du tabac *(Nicotiana tabacum)*,
- cocaïne, feuille du coca,
- digitaline, digitale *(Digitalis purpurea)*,
etc.

1725 Les latex

Emulsion contenant : sucre, amidon, résine, protéine
etc. Les latex peuvent coaguler. Nous en trouvons dans
le :
- pissenlit *(Taraxacum officinale)* latex blanc,
- hevea *(Hevea brasiliensis)*,
- ficus *(Ficus elastica)*, caoutchouc
- chelidoine *(Chelidonium majus)* latex jaune,
- pavot *(Papaver somniferum)* latex donnant l'opium.

1726 Les glucosides

Mélange de glucose avec une autre matière organique.
- Amydgaline des fruits de l'amandier *(Prunus amygdalus)*.
- Sinigrine de la moutarde *(Sinapis alba)*.

18 Les hormones

Nous savons maintenant qu'un certain nombre de
facteurs régissent la croissance des plantes vertes à
partir :

Nous énumérerons rapidement les principales techniques nouvelles à ce jour et couramment utilisées, découlant de l'action des hormones, laissant aux cours techniques le soin de les détailler.

Nous ne parlerons pas de l'action des gibérellines encore au stade expérimental.

1) Nouvelles répartitions des hormones naturelles : arcure fruitière.

2) Action des hormones artificielles.

a) Action par prolifération :
- à dose normale : bouturage, émission rapide de racines, nouaison des fruits, obtention de fruits parthénocapiques, avances dans maturité des fruits.
- à dose forte : désherbage sélectif ou total.

b) Action par ralentissement de croissance :
- éclaircissage des fruits,
- retard dans maturité des fruits,
- chute des fruits.

c) Allongement de la durée de dormance :
- forçage : floraison retardée,
- antigermes des pommes de terre (Solanum tuberosum),
- retard du démarrage des arbres fruitiers de 15 jours au printemps : lutte antigel à la floraison.

d) Raccourcissement de la durée de dormance:
- forçage : floraison accélérée.

- *de facteurs anatomiques* : existence de centres multiplicateurs (méristèmes).
- *de facteurs externes* intervenant dans tous les problèmes physiologiques étudiés dans ce chapitre 51.

Mais encore faut-il tenir compte de l'action de certaines *substances internes* (❀).

181 Découverte des hormones

La recherche des causes profondes du phototropisme (voir chap. 5,32 23) et les expériences sur l'avoine *(Avena sativa)* ont été déterminantes sur cette découverte.

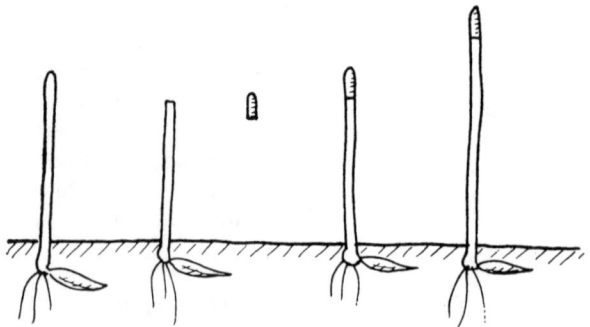

Croissance arrêtée   *Croissance reprise*

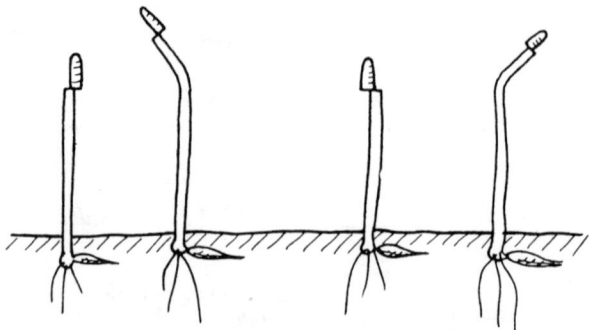

Seul le côté placé sous le coléoptile pousse

Le « coléoptile » de l'avoine est un organe de protection des jeunes feuilles et de la tige.

Coupons le sommet du coléoptile, la croissance s'arrête. Reposons-le, la croissance reprend. Décalons-le d'un côté ou d'un autre, l'allongement est décalé car seul le côté placé sous le coléoptile semble pousser.

Conclusion. Le sommet du coléoptile émet une substance de croissance comparable en tous points aux hormones animales et appelée : Auxine.

182 Auxine naturelle et auxine artificielle

Analysée, l'auxine naturelle découverte était de l'acide indol ß acétique.
Synthétiquement, d'autres corps ont montré les mêmes fonctions :
- acide naphtalène α acétique
- acide indol butyrique.

183 Action des auxines

Les auxines se caractérisent par une action sur :
- la multiplication cellulaire,
- et l'allongement cellulaire.

Elles ne remontent jamais et agissent sous elles et à distance.
Elles ont une action sur tous les organes de la plante mais à très faible dose : elles empêchent le développement des bourgeons axillaires. Coupons le bourgeon terminal, ceux-ci vont alors démarrer. Elles peuvent aussi favoriser le développement des racines.
Mais une dose moyenne occasionne des malformations.
Une forte dose arrête la naissance des bourgeons.
Une très forte dose entraîne la mort du sujet.

184 Autres hormones végétales

Les dernières recherches ont permis de faire ressortir l'action des Giberellines qui jouent un rôle important sur :
- la multiplication cellulaire,
- l'allongement intercalaire des tiges,
- la croissance des feuilles,
- la levée de dormance (voir chap. 6-11 22 *b*),
mais sans action sur les racines.

2

Physiologie des plantes sans chlorophylle

Nous venons d'étudier au chapitre 51, la nutrition des plantes vertes, dites plantes à chlorophylle.

D'autres plantes sont incapables d'assurer elles-mêmes la synthèse de leurs aliments organiques par manque de chlorophylle.

Elles ont été classées selon leur mode de vie.

21   Plantes saprophytes

Ces plantes ne vivent qu'aux dépens de matières organiques inertes.

Elles décomposent les matières organiques mortes et de ce fait, sont souvent plus utiles que nuisibles à l'homme.

Nous rencontrerons dans ce groupe :

211   Des champignons saprophytes

Champignons à chapeau sur fumiers, terreaux, souches (champignons de couche, cèpe).

Moisissure blanche du pain, en milieu humide.

Moisissure verte *(Penicillium notatum)* d'où l'on extrait la pénicilline, se trouve sur les fruits acides.

La levure présente sur la surface des fruits, transforme le glucose en alcool : fabrication du vin, du cidre, de la bière.

212 Des bactéries saprophytes

Bacille de la putréfaction : fournit de la chaleur (couches thermogènes).
Micrococcus de l'ammonisation : transformation de l'azote organique du sol en sels ammoniacaux (voir cours Chimie du Sol).
Divers ferments :
- transformation du vin en vinaigre,
- coagulation du lait,
- rouissage du lin.

22 *Plantes parasites*

Cuscute sur luzerne

Ces plantes se nourrissent aux dépens des êtres vivants, animaux ou végétaux. Elles détruisent de la matière organique vivante.
La plante-hôte réagit en activant la multiplication cellulaire autour du point d'attaque pour essayer de stopper l'action parasite.
Il y a formation d'une excroissance mais le plus souvent, le végétal récepteur ne parvient pas à se protéger.
Nous citerons :

221 Des phanérogames parasites

a) Cas de la cuscute *(Cuscuta)* sur trèfle *(Trifolium)* et luzerne ; c'est une tige rosée volubile qui introduit ses suçoirs dans la tige de la plante parasitée.
Elle absorbe les deux sèves (brute et élaborée).
C'est un *parasitisme total*.
La plante hôte mourra.

b) *Cas du gui* (Viscum album) *sur peuplier* (Populus alba), *pommier* (Malus communis) *et parfois chêne* (Quercus pedunculata).
Remarquons que le gui, vert, possède de la chlorophylle mais cependant c'est une plante parasite car elle est incapable d'absorber dans le sol sa sève brute : elle l'emprunte à l'hôte par ses racines suçoirs très profondes.
C'est un *parasitisme partiel*.
Les fruits gluants collent aux pattes des oiseaux, sont ainsi transportés d'arbres en arbres. Les graines germent et les racines suçoirs, se fixent sur les nouvelles branchent contaminées.
La plante-hôte souffre de ce parasitisme.

222   Des champignons parasites

Citons pour mémoire, puisque particulièrement déve-
loppés dans le cours de parasitologie :
les mildious, oïdium, rouilles, charbons etc.

223   Des bactéries parasites

En plus de la destruction des matières organiques, elles
produisent des toxines : diphtérie, tétanos, typhoïde
etc. sans oublier les bactéries parasites des végétaux.

23   *Les plantes symbiotiques*

La symbiose est une association réciproque où chacun
profite de l'autre et le supporte.

231   Cas des lichens

Reprenons notre exemple de Parmélie des Murailles.
Nous avons dit que c'était l'association de deux végétaux différents : un champignon *(Ascomycètes)* et une
algue unicellulaire *(Chlorophycées)*.

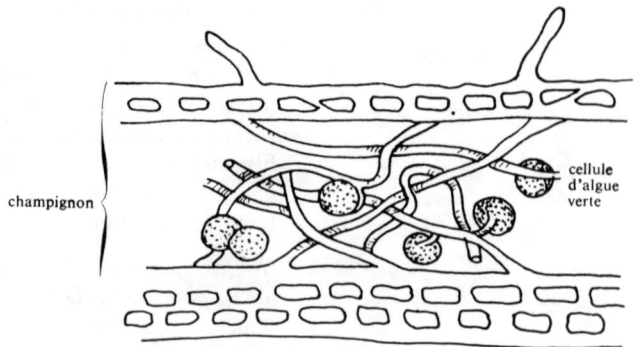

champignon

cellule
d'algue
verte

Le lichen

En semant des spores de ce champignon, au voisinage
de cellules d'algues vertes, on réalise *la synthèse du
lichen*.
On peut aussi faire vivre séparément algue et champignon d'un lichen : on réalise *l'analyse du lichen*.
Le champignon remplit :
- un rôle mécanique : fixation au support,
- un rôle physique : protège l'algue de la dessiccation,
absorbe eau et sels minéraux.

L'algue remplit un rôle chimique : assure l'assimilation chlorophyllienne par sa chlorophylle et fabrique ainsi la sève élaborée.

232 Cas des mycorhizes

Ce sont des champignons vivant sur les racines (comme leur nom l'indique) sous forme de filaments externes : hêtre *(Fagus sylvatica)*, pin *(Pinus sylvestris)* chêne *(Quercus pedunculata)* ou de filaments internes *(Orchidées)* et qui permettent ainsi aux plantes hôtes d'absorber directement le carbone organique, ce qui leur serait impossible par leurs propres moyens.

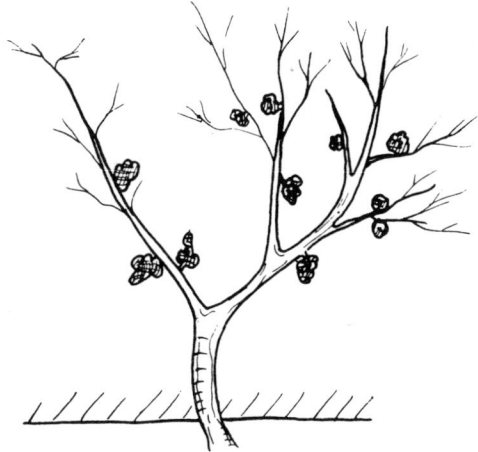

Les nodosités des racines de légumineuses

233 Cas des nodosités des légumineuses

Les nodosités des racines de légumineuses contiennent des bactéries, dites « bactéries des légumineuses », les rhizobium leguminosarum.
Ces bactéries vivent dans le sol en saprophytes jusqu'à la mise en culture d'une légumineuse : pois *(Pisum sativum)*, haricot *(Phasaeolus vulgaris)*, fève *(Vicia faba)*.
Elles pénétrent alors dans les cellules des racines par les poils absorbants.
La plante hôte réagit pour limiter ce « parasitisme » et l'hypertrophie des cellules donnent les nodosités.
Ces bactéries ont la possibilité de fixer l'azote de l'air.
La vie symbiotique commence alors.

La plante hôte fournit les glucides.
Les bactéries fabriquent les protides avec l'appoint de l'azote de l'air, protides que la plante utilisera.
C'est donc :
- un *parasitisme atténué*,
- toléré par l'ôte,
- indispensable à sa croissance normale,
- aboutissant à un état d'équilibre.

Sur un hectare de culture, on a calculé que 200 kg d'azote atmosphérique pouvaient être ainsi fixés annuellement. (❀)

3

Les mouvements chez les végétaux

Malgré leur relative immobilité, comparée aux déplacements possibles des animaux, nous savons que les végétaux sont doués de mouvements.
Il en existe de plusieurs sortes dus à des raisons différentes.

31   Mouvements autonomes internes

Ces mouvements ont lieu sans aucune intervention extérieure.
Citons :
- les mouvements du protoplasme dans la cellule, visibles au microscope (chap. 3-22 11),
- l'allongement des racines, des tiges visible avec l'expérience des traits à l'encre de Chine (chap. 4-11 3).

32   Mouvements dus à des agents ou considérations externes

Ils se produisent avec excitation d'un organe ou d'une partie d'un organe.

321 Les tactismes

Ce sont des mouvements de translation orientés par rapport aux excitants.

3211 Chimiotactisme

a) Action de l'oxygène :
- Bactéries aérobies attirées par l'oxygène.
- Bactéries anaérobies repoussées par lui.

b) Action de certains composés chimiques
Certain organes reproducteurs mâles sont munis de cils facilitant leur déplacement lorsqu'une sécrétion d'acide malique est effectuée par l'organe femelle :
- anthérozoïde des fougères,
- zoospore des algues.

3212 Thermotactisme

Certaines bactéries fuient la chaleur.

322 Les tropismes

Ce sont des tactismes mais en rapport direct avec la croissance des organes végétatifs du végétal.

3221 Le géotropisme

Action de la pesanteur sur la croissance :

a) d'une racine

Le géotropisme de la racine est positif.
Celui de la tige est négatif

Prenons un plant de haricot *(Phasaeolus vulgaris)* qui vient de germer et piqué sur un bouchon. Nous plaçons sa jeune radicule, la pointe dirigée vers le haut. Au bout d'une journée, elle se courbe et redescend vers le bas.
La racine subit l'action de la pesanteur.
Elle a *un géotropisme positif.*

Note. L'action de la pesanteur est moins importante sur les racines secondaires ce qui explique leur croissance oblique.

b) d'une tige

Dans la même expérience, en plaçant la radicule la pointe en haut, nous avons mis la tête en bas à la tigelle.

Pendant que la racine s'inclinait vers le bas, à la fin de l'expérience la tigelle se relevait vers le haut.

La tige a un *géotropisme négatif*. (❀)

3222 L'hydrotropisme

Action de l'humidité sur la croissance d'une racine.

Si une racine est exposée d'un côté à la sécheresse, de l'autre côté à l'humidité, nous la verrons bientôt s'orienter vers l'humidité.

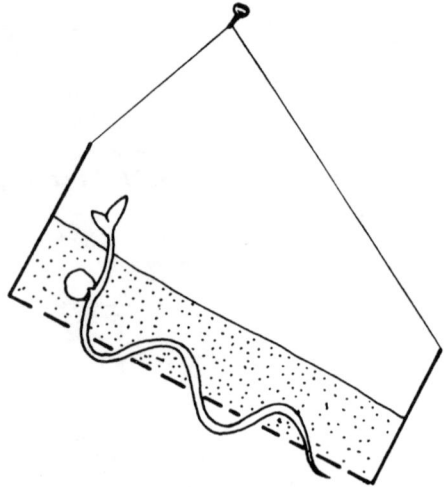

*L'action combinée du géotropisme
et de l'hydrotropisme de la racine*

Nous dirons que *la racine possède un hydrotropisme positif* (❀ ❀).

Expérience. (Combinant le géotropisme et l'hydrotropisme positifs de la racine).

Réalisons l'expérience suivante :

Plaçons une graine de haricot *(Phaseolus vulgaris)* dans un panier incliné dont le fond est remplacé par un grillage.

La radicule par géotropisme positif poussera verticalement du haut vers le bas et sortira du grillage.

Le milieu humide l'attirera alors par hydrotropisme positif ; la radicule s'orientera vers le grillage et rentrera dans le coton. Le géotropisme agira ensuite et la radicule redescendra verticalement... et ainsi de suite.

3223 Le phototropisme. Action de la lumière sur la croissance d'une tige.

Plaçons une plante d'appartement face à une fenêtre. Au bout d'un certain temps, toutes les tiges s'inclinent et se dirigent vers la lumière.
La tige possède *un phototropisme positif.* (❀)

❀
_____

Dans un appartement, il faut tourner régulièrement le pot des plantes.
Dans une serre, un éclairement venant de tous côtés est à rechercher.
C'est un des avantages des serres-tours.

3224 Contact de la racine avec un solide

Par un processus semblable à ceux des géotropismes, phototropisme ou hydrotropisme, une racine rencontrant un obstacle, le contourne et poursuit sa croissance verticale.

3225 Comment expliquer ces tropismes ?

Nous savons que les hormones végétales naturelles (auxines) jouent un rôle prépondérant dans la croissance des tiges et racines (chap. 518).
C'est l'action de ces auxines qui peut expliquer ces mouvements.
Les parties exposées à la lumière, à l'eau, à l'action de la pesanteur, voient leur concentration augmenter en auxine et de ce fait, les faces intéressées poussent moins vite que les faces non exposées.
En conséquence, l'organe s'oriente ver une des sources ci-dessus et ne reprend sa croissance initiale que lorsque la concentration d'auxine est identique des deux côtés.

3226 Mouvement d'allongement

Lors de l'allongement de la racine et de la tige, il est intéressant de constater que cette croissance se fait à la façon d'un tire-bouchon.
C'est ce que nous appellerons : *la circum nutation* de la racine et de la tige.

323 Les nasties

Ce sont des mouvements des feuilles, des fleurs, des tiges, qui sont indépendants des phénomènes de croissance.
Ils sont déclenchés par les facteurs du milieu qui font dégager une substance agissant sur des cellules motrices par changement de turgescence.

3231 Action de la température

La fleur s'ouvre à partir d'une température minimum très précise : crocus *(Crocus vernus)*, nénuphar *(Nymphœa alba)*.
Les feuilles de robinier *(Robinia pseudo acacia)* se ferment aux environs de midi.

3232 Action de la lumière

Il existe :
- des fleurs de jour s'ouvrant le matin, se fermant le soir : trèfle *(Trifolium rubens)*, lupin *(Lupinus polyphyllus)*, belle de jour *(Convolvulus tricolor)* ;
- des fleurs de nuit s'ouvrant le soir, se fermant le matin : belle de nuit *(Mirabilis jalapa)*.

3233 Action de l'humidité

L'involucre du chardon *(Carduus nutans)* se referme si le temps est trop humide ; au contraire, il s'ouvre largement si le temps est sec.
C'est également le cas de la déhiscence des fruits de balsamine *(Impatiens balsamina)*.

3234 Action de l'orientation

L'inflorescence du tournesol *(Helianthus annuus)* suit les déplacements du soleil (d'où son nom).
La laitue sauvage *(Lactuca scariola)* a ses feuilles orientées Nord-Sud ce qui lui permet de bénéficier d'une exposition limitée aux rayons solaires à midi.
On la surnomme la « plante boussole ».

3235 Action du contact

a) Cas de la sensitive *(Mimosa pudica)*.
Au moindre choc, les feuilles composées réagissent en :
- repliant en deux leurs folioles,
- rabattant les folioles le long du pétiole central,
- abaissant l'ensemble de la feuille vers la tige.
Ce mouvement est très rapide.
Au bout d'un certain temps, la feuille reprend sa position initiale : le retour est beaucoup plus lent.
b) Cas de la dionée attrape-mouche *(Dionaea muscipula)*.
Au moindre contact, (mouche ou... crayon) la feuille se replie en deux, emprisonne la mouche et la digère.
c) Cas des urnes terminant certaines feuilles de népenthes.
Au toucher, la capsule fermant l'urne se rabat et emprisonne l'insecte.

Chapitre 6
La reproduction végétale

1

Reproduction sexuée des phanérogames
Anatomie et physiologie de
leur appareil reproducteur

11   Pourquoi la plante fleurit-elle ?

Une plante ne peut fleurir que si elle en a « l'aptitude »
et, pour cela, elle doit remplir trois conditions :

a) Avoir atteint *sa maturité de floraison*
Rappelons-nous le chapitre 213 sur les modes de végétation des végétaux : le bégonia fleurit dans la même
année de sa germination mais le noyer ne fleurit qu'au
bout d'une dizaine d'années et quels que soient les
moyens mis en œuvre, il ne fleurira jamais la première
ou la deuxième année.
Cette maturité de floraison dépend de l'espèce végétale.

b) Remplir un certain nombre de *conditions internes*
qui sont avant tout des *problèmes de nutrition*

c) Subir l'influence de *conditions externes* indispensables et propres à chaque espèce
Ces conditions sont dirigées par des *facteurs thermiques* et des *facteurs de lumière.*
Nous ne pourrons pas agir évidemment sur l'âge de la
maturité de floraison.
Par contre, connaissant les exigences des conditions
internes et externes de la mise à fleur, nous pourrons en
tirer des applications horticoles nombreuses.

❀

Tout excès d'engrais azotés favorise la pousse végétative et nuit à la mise à fleur de la plante. Donc :
1) Pour la récolte de légumes-feuilles, nous forcerons la fumure azotée.
2) Nous favoriserons la nourriture carbonée des plantes en protégeant leur feuillage – en l'exposant à la lumière la plus intense – en enrichissant le milieu en gaz carbonique,
trois moyens d'accéléréer l'assimilation chlorophyllienne (voir chap. 5-13).
Notons qu'un déséquilibre trop grand, entre ces deux composants, aurait des effets contraires à ce que nous recherchons en stoppant la végétation normale.

❀ ❀

Les plantes cultivées en serre ne devront pas être soumises à une température constante jour et nuit. Une dizaine de degrés de décalage est en général souhaitable.
Par contre, les plantes originaires des régions équatoriales où les températures diurnes et nocturnes sont stationnaires, sont indifférentes à cette alternance.

❀ ❀ ❀

Le forçage est une opération qui consiste à soumettre tout d'abord les plantes à des conditions se rapprochant le plus de celles qu'elles trouvent au début de leur période d'activité mais avec une forte avance (ou retard) calendaire.
Mais cela n'est possible que si la période de dormance est terminée (fin de l'hiver) ou si elle n'existe pas (plantes annuelles).
Les plantes annuelles mise à part, cela devient une culture hâtée (nous gagnerons de 1 à 3 ou 4 semaines) ou une culture retardée (nous reculerons la production de quelques semaines) uniquement par des procédés culturaux de cultures sous abri permettant :

111   Les facteurs nutritifs de la mise à fleur

C'est le rapport entre les nourritures carbonée et azotée de la plante qui est prépondérant. Seule, une forte nourriture carbonée ne peut favoriser la floraison et par conséquent la nourriture azotée ne doit pas être privilégiée (❀).

112   Les facteurs thermiques

Ce sont des conditions de température qui reviennent à rythme régulier, d'où leur dénomination de *thermopériodisme*.

1121   Thermopériodisme journalier

La majorité des plantes sont originaires de régions qui possèdent une alternance de température entre la nuit et le jour.
Par expérience, nous savons qu'un végétal pousse mieux si nous le faisons bénéficier d'une température plus basse la nuit que le jour.
Qui plus est, c'est surtout la température nocturne qui influe sur la mise à fleurs. Si elle est trop élevée, il y a retard dans la floraison. (❀ ❀)

1122   Thermopériodisme saisonnier

a) Pour les mêmes raisons écologiques, la majorité des plantes subissent dans leur pays d'origine, des périodes d'activité et des périodes de repos.
Ce repos porte le nom de *Dormance*.
Nos plantes indigènes passent par une période de dormance en hiver, pendant laquelle elles subissent des conditions de température bien précises pour chacune : arrêt de végétation (feuilles caduques qui tombent), période suivie d'un démarrage de végétation au printemps.
En tout état de cause, la période d'activité ne pourra débuter qu'à la fin de celle de la dormance et il est à constater que, du bon déroulement de cette dernière, dépend la croissance future de la plante (❀ ❀ ❀).

b) Nous savons que les plantes ne démarrent au printemps que si leur période de dormance est terminée : c'est la *levée de dormance*.
Elle peut être naturelle ou artificielle.
Evidemment le froid est un des moyens auxquels tous les chercheurs ont pensé. Rappelons les expériences russes de Lyssenko sur le blé *(Triticum sativum)*.

(suite p.142)
- soit d'accélérer, non la date, mais la durée de la période de mise en activité,
- soit de retarder le début de la période de dormance.

Pour le *forçage*, la culture est tellement à contre temps que son début doit commencer souvent pendant la période de dormance. Est-ce possible ?

❀

Dans la mesure où les espèces végétales s'y prêteraient et où les techniques horticoles l'exigeraient, nous pourrions par la vernalisation :
- rechercher des variétés précoces par transformation d'un cycle bisannuel en cycle annuel : laitue *(Lactuca sativa)*, par exemple ;
- utiliser au printemps des graines de variétés d'automne dont le semis n'aurait pas réussi.

❀ ❀

Elles sont très importantes et à la base de nombreux forçages.
Citons :
- le traitement par la chaleur des bulbes à fleurs : plusieurs semaines à une température précise selon la date voulue de la floraison ; « bulbes préparés » de tulipes (Tulipa) pour fleurir à Noël,
- le traitement des rosiers (rosa) à l'éthylène, au gaz d'éclairage,
- le traitement du lilas (Syringa vulgaris) :
par le froid 1 à 2 mois à 5-6°
par la dessiccation: plusieurs semaines fin d'été
par les vapeurs d'éther, 48 heures
par les vapeurs d'acide cyanhydrique
par les bains de vapeur : 12 heures à 40°
- l'azalée (Rohdodendron indicum) au carbure d'hydrogène,
- le muguet (Convallaria majalis) à l'acide cyanhydrique, etc.
Il ne reste plus à l'horticulteur qu'à forcer le végétal ainsi préparé.

Nous savons qu'il existe du blé d'automne (plante bisannuelle) et du blé de printemps (plante annuelle).

Il faut au premier une période de froid pour se « mettre à fleur » tandis que le second n'en a pas besoin.

Or du blé d'automne, ayant été soumis à une période de température basse, semé au printemps, fleurira la même année et se comportera comme du blé de printemps.

C'est la *vernalisation* (❀).

Chaque espèce végétale possède sa température de vernalisation.

Notons :
- que selon les espèces végétales, la vernalisation peut s'effectuer sur l'embryon ou la plantule,
- que l'opération inverse peut avoir lieu à température élevée ; c'est la dévernalisation avec revernalisation si besoin est.

c) Mais d'autres procédés que le froid, peuvent être utilisés pour « lever la dormance » : passage du végétal dans certaines atmosphères gazeuses, bains de vapeur, chaleur, dessiccation (sans aller jusqu'à la mort, évidemment) (❀ ❀).

Note concernant la dormance et le repos forcé

Il ne faut pas confondre « période de dormance » due à des causes physiologiques et « repos forcé » dû à des conditions extérieures exceptionnelles, à considérer plutôt comme des accidents végétatifs (❀ ❀ ❀) : grande sécheresse, grand froid.

Note concernant le thermopériodisme saisonnier

Il est évident que tout ce que nous venons de dire est sans valeur sur les plantes d'origine équatoriale dont la pousse est continue toute l'année.

❀ ❀ ❀

Dans certains cas, ces accidents végétatifs peuvent être recherchés, surtout, pour retarder artificiellement le départ de la végétation au printemps. La période de dormance est terminée mais on retarde le début de celle de démarrage de la végétation.

Les horticulteurs reculent ainsi la date de floraison du lilas *(Syringa vulgaris)*, du lis *(Lilium candidum)*, du muguet *(Convallaria majalis)* par le froid.

Les arboriculteurs par des hormones qui donnent les mêmes résultats que le froid, peuvent retarder le départ de la végétation des arbres fruitiers de quinze jours au printemps avec une pulvérisation à l'automne. Ils courent moins de risque pour les gelées printanières.

Les maraîchers empêchent le démarrage des tubercules de pommes de terre *(Solanum tuberosum)* avec un « traitement antigerme ».

113   Les facteurs lumière

La réaction de la plante vis-à-vis de la durée relative du jour et de la nuit pour une période de vingt-quatre heures, s'appelle *photopériodisme*.

Cette périodicité détermine l'apparition des fleurs.

Les exigences naturelles des plantes quant à la « somme de lumière » qui leur est nécessaire chaque jour pour fleurir, dépend en partie de leur pays d'origine.

Les plantes équatoriales demandent autant de lumière que l'obscurité puisque dans ces régions, la nuit et le jour sont de même durée.

1131   Classification des plantes

a) Certaines plantes pour fleurir, exigent un temps d'obscurité supérieur à douze heures par jour : ce sont des *plantes à jours courts*.

b) D'autres demandent un éclairement supérieur à douze heures par jour : ce sont *des plantes à jours longs*.

c) Enfin d'autres, sont *indifférentes* et ne réagissent pas à des éclairements plus ou moins prolongés : rosier *(Rosa canina)*, œillet *(Dianthus caryophyllus)*.

Ceci explique pourquoi :

- les plantes à jours courts fleurissent naturellement au printemps et à l'automne : chrysanthèmes *(Chrysanthemun indicum)*, dahlia *(Dahlia hortensis),* pommier *(Malus communis)*,

- les plantes à jours longs fleurissent naturellement en été : capucine *(Tropaeolum majus)*, calcéolaire *(Calceolaria hybrida)*, pyrèthre *(Pyrethrum caucasicum)*, lis *(Lilium candidum)*, begonia tubéreux *(Begonia erecta)*, gloxinia *(Gloxinia speciosa type erecta)* (❀).

1132   Action sur le Photopériodisme

Par expérience, nous savons qu'une plante à jours courts, ne subissant qu'une obscurité trop courte par appoint de lumière artificielle, ne se mettra pas à fleur. Et vice-versa pour une plante à jours longs (❀ ❀).

Conclusion horticoles. Le forçage des végétaux dépend du cycle végétatif de la plante mais il est possible à l'horticulteur d'agir fortement :

- sur le thermopériodisme (température plus froide la nuit que le jour, vernalisation, levée de dormance artificielle),

- sur le photopériodisme (jour court et jour long).

❀

C'est une raison pour laquelle certains légumes-feuilles doivent être semés à des dates précises pour éviter une « montée à graines » précoce et indésirable.

❀ ❀

Nous comprenons tout ce que l'horticulteur peut tirer de cette condition de floraison.

En effet, prenons l'exemple d'une plante à jour court, fleurissant à l'automne comme le chrysanthème *(Chrysanthenum indicum)* :

- exposons-la à la lumière, sa floraison sera retardée et pourra même être reculée jusqu'au printemps,

- très tôt, mettons-la à une obscurité prolongée chaque jour, sa floraison sera avancée et pourra même avoir lieu en été au lieu de l'automne (16 heures d'obscurité dès fin juin = 5 semaines d'avance).

Mais attention : il faut garder toutes proportions.

Si nous exposons une plante à 13 heures de lumière par jour, ce qui pour nous représente un jour long et si cette plante d'origine en a 15, nous lui faisons subir un traitement de jour court.

Cette pratique horticole n'est donc valable que sous réserve d'une parfaite connaissance biologique du végétal.

Des essais concluants ont déjà été obtenus avec les géranium *(Pelargonium zonale)*, les hortensias *(Hydrangea hortensis)*, les tulipes *(Tulipa)*.

12 Anatomie des organes reproducteurs

121 Les étamines

1211 Le filet

Il possède une structure de pétiole, ce qui est normal, chaque pièce florale étant une feuille modifiée.

1212 L'anthère

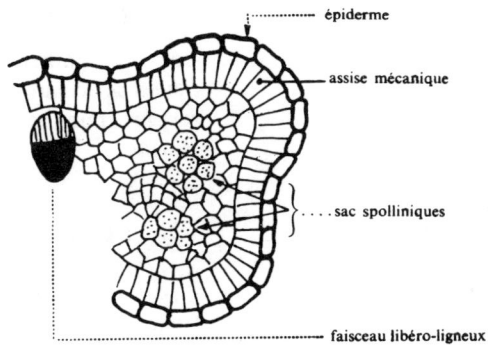

épiderme
assise mécanique
sac spolliniques
faisceau libéro-ligneux

Coupe transversale d'une anthère

Sur une coupe transversale d'une anthère de giroflée *(Cheiranthus Cheiri)* nous pouvons distinguer avec une symétrie bilatérale :
- deux renflements : un de chaque côté : les *loges polliniques* ;
- chacune de ces loges comprend deux cavités : les *sacs polliniques* ;
- à l'intérieur de ces sacs, se trouvent un amas de cellules fertiles qui se divisent en quatre cellules chacune. Chaque cellule fille donne donc quatre *spores* chacun à *n* chromosomes (par mitose réductionnelle).

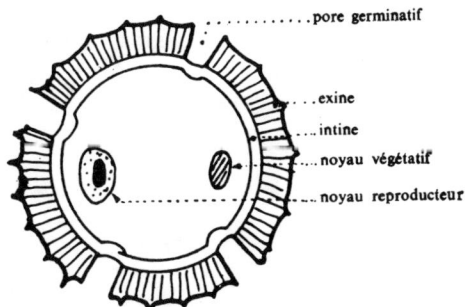

pore germinatif
exine
intine
noyau végétatif
noyau reproducteur

Coupe d'un grain de pollen

- chaque spore ou « grain de pollen » est composé de :
deux membranes : *l'exine*, externe, résistante, cutinisée.
L'exine est perforée de place en place et laisse ainsi
apparaître des « pores germinatifs » et *l'intine*, interne,
extensible, cellulosique contenant un *protoplasme*, renfermant lui-même deux *noyaux* : un *noyau végétatif* et
un *noyau reproducteur*.
- Un *épiderme* enveloppe tout l'anthère et les sacs polliniques sont ceinturés vers l'extérieur par une « *assise
mécanique* ».
- Au centre et en prolongement du filet, nous apercevons *un faisceau libéro-ligneux*.

1213 Déhiscence de l'anthère

Lorsque l'anthère est mûre, les deux assises méca-
niques se déchirent et ouvrant les sacs polliniques, libèrent les grains de pollen, soit par le sommet, soit latéralement.

122 Le pistil

Il est formé d'un ou plusieurs carpelles.
Un carpelle est une feuille réduite à son limbe, enroulé,
qui porterait des ovules sur ses bords.

1221 Composition de l'ovule

L'ovule est composé de deux membranes :
- une enveloppe externe : *la primine*,
- une enveloppe interne : *la secondine*.

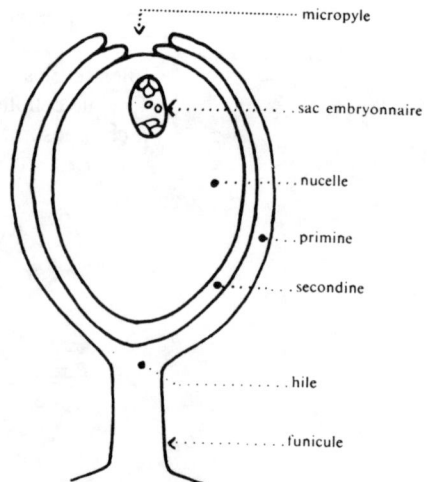

L'ovule

Primine et secondine ne se joignent pas à leur sommet, laissant libre un petit orifice : le *micropyle* par où la fécondation aura lieu.

- Les membranes renferment une masse volumineuse : *le nucelle* qui très tôt donne naissance à une cellule se divisant en quatre cellules à *n* chromosomes (par mitose réductionnelle).

Une seule cellule vit, qui donne la macrospore dont le noyau se divise en huit parties contenues par le sac embryonnaire.

Deux parties nous intéresseront pour la fécondation : l'oosphère et la cellule sac.

- L'ovule comporte un pied : *le funicule.*
L'extrémité de ce funicule qui porte l'ovule s'appelle *le hile.*

- le funicule est traversé par un faisceau libéroligneux qui se ramifie après le hile en un point appelé *le chalaze.*

1222 Positions de l'ovule

Selon la position respective du hile, du chalaze, du micropyle, nous rencontrerons :

- des ovules droits ou orthotropes, cas assez rares, oseille *(Rumex acetosa)* platane *(Platanus occidentalis)* ;

- des ovules renversés ou anatropes, fraisier *(Fragaria vesca)*, pommier *(Malus communis)*, pomme de terre *(Solanum tuberosum)* ;

- des ovules intermédiaires ou campylotropes, chou *(Brassica oleracea)*, giroflée *(Cheiranthus cheiri)* betterave, *(Beta vulgaris)*, haricot *(Phaseaolus vulgaris)*.

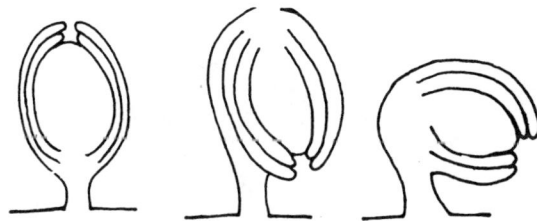

O. orthotrope   O. anatrope   O. campylotrope

Positions des ovules

123 Epanouissement des fleurs

a) L'ouverture d'une fleur est plus ou moins rapide selon les espèces : de quelques minutes à deux jours.

❀

Ceci est très important lorsque la floraison est recherchée dans un but ornemental.
Une plante à floraison très courte, n'a aucun intérêt ornental pour la constitution d'un massif.

❀ ❀

Le froid peut être un procédé de conservation en production florale (fleurs coupées), et en fleuristerie facilitant :
- l'étalement des ventes,
- les transports.

b) Sa durée d'épanouissement est aussi variable : de quelques heures à un mois (❀).

c) Les basses températures retardent l'épanouissement (❀ ❀).

13   La pollinisation

C'est le transport des grains de pollen, après la déhiscence des anthères, jusqu'au stigmate de l'ovaire.

131   Mode de pollinisation

Il existe deux modes de pollinisation

1311   La pollinisation directe

Cas où le pollen d'une fleur vient sur le stigmate d'une même fleur.
Elle a lieu :

a) Si les fleurs sont cleïstogames c'est-à-dire ne s'ouvrant pas : violette *(Viola cornuta)*, bégonia *(Begonia gracilis)* en partie.

b) Si les organes mâles et femelles sont mûrs en même temps : haricot *(Phaseolus vulgaris)*, pois *(Pisum sativum)*.

Elle se fait :

a) Par agitation de l'air : pois *(Pisum sativum)*, haricot *(Phaseolus vulgaris)* .

b) Par un mouvement propre des organes, épine-vinette *(Berberis vulgaris)*, où les étamines se rabattent sur le stigmate.

1312   La pollinisation indirecte ou fécondation croisée

Cas, le plus fréquent, où le pollen d'une fleur va sur le stigmate d'une autre fleur.
Elle a lieu :

a) Chez toutes les plantes à fleurs unisexuées des plantes monoïques : chêne *(Quercus pedunculata)*, courgette *(Cucurbita pepo)*, et des plantes dioïques : saule *(Salix babylonica)*, peuplier *(Populus nigra)* ;

b) Chez les plantes à fleurs hermaphrodites, lorsque :
- les organes mâles et femelles ne sont pas mûrs en même temps : cas général de *dichogamie*,

protandrie si les étamines sont mûres avant l'ovaire (plusieurs composacées, ombellifères),
protogynie, cas contraire, (plusieurs graminées),
- les organes mâles et femelles n'ont pas la même morphologie : *hétérostylie*.
Fleur longistyle : étamines plus basses que le stigmate, pomme de terre *(Solanum tuberosum)*.
Fleur brévistyle : cas contraire, certaines fleurs de Primevère *(Primula hortensis)*.
- les organes présentent des cas de stérilité :
plantes interstériles, deux variétés ne peuvent se féconder mutuellement
et évidemment :
plantes autostériles, variété de poire cultivar Comice, incapable de se féconder elle-même : une sécrétion du style empêche la croissance du tube pollinique. (❀)

132 Différentes sortes de pollinisation

1321 Pollinisation par pesanteur : pollinisation directe

Les étamines sont plus hautes que le stigmate.
Les grains de pollen à la déhiscence des anthères tombent directement sur le stigmate.

1322 Pollinisation anémophile (par le vent)

Chêne *(Quercus pedunculata)*, saule *(Salix babylonica)*, noisettier *(Corylus avellana)*, pin *(Pinus sylvestris)*.
Les plantes s'adaptent à ce mode de pollinisation où il y a très peu de « bonnes arrivées », par :
un pollen facilement transportable par le vent (pollen léger ou ballonnets d'air),
une quantité énorme de pollen libérée : « pluie de soufre »,
un stigmate réceptionnant facilement ce pollen.

1323 Pollinisation zoophile (par les animaux)

a) La pollinisation entomophile par les insectes
Les insectes, peu attirés par la couleur des fleurs, mais surtout par le nectar sucré formé par la fleur, collectent le pollen et le transportent de fleur en fleur, fleur qui, elle-même parfois s'adapte pour cette réception. (❀ ❀)
Etamine à balancier : vanille *(Vanilla fragrans)*, sauge des près *(Salvia pratensis)*.
Poils retenant l'insecte jusqu'à la fécondation : aristoloche *(Aristolochia durior)*.

b) La pollinisation ornithophile par les oiseaux.

c) La pollinisation zoïdiophile par les petits animaux :
chauve-souris.

1324 Pollinisation hydrophile

Mêmes adaptations à l'eau que pour les plantes à pollinisation anémophile.

1325 Pollinisation par l'homme

Elle est parfois involontaire mais le plus souvent
volontaire et s'appelle alors : pollinisation artificielle :
cas des dattiers femelles *(Phœnix dactylifera)* pollini-
sés par les Arabes.
Cas des plantations de vanille *(Vanilla fragrans)* à l'île
de la Réunion qui ne possède pas l'insecte fécondant
naturellement ces végétaux aux Antilles. (❀)

14   La fécondation

Le grain de pollen est transporté sur le stigmate de la
fleur : c'est la pollinisation.
Il est retenu par ses papilles visqueuses et absorbe l'eau
par osmose. Il gonfle, il germe.
Cette germination dure de plusieurs jours (cas le plus
fréquent) à un an, pin *(Pinus sylvestris).*

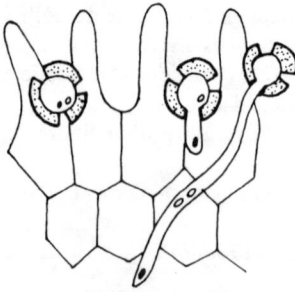

*Germination du grain
de pollen*
le tube pollinique

Fécondation de l'ovule
descente du tube pollinique

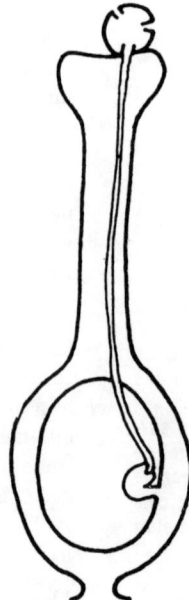

141   Germination du grain de pollen

Il passe de la vie ralentie à la vie active.

Par un pore germinatif, une partie du protoplasme sort de son enveloppe et forme un tube pollinique de plusieurs centimètres.

Ce tube s'enfonce dans le style et descend jusqu'à l'ovule où il pénètre par le micropyle le plus souvent. Durant son parcours, il sécrète une hormone qui aide le processus de fécondation.

Le tube pollinique comprend les deux noyaux du spore :

- le *noyau végétatif* permettant la croissance du tube et qui disparaît avant la fécondation,
- le *noyau reproducteur* qui se divise avant la fécondation en deux parties, contenant chacune n chromosomes (gamètes mâles).

142   Fécondation proprement dite

La première partie du gamète mâle se fusionne avec l'oosphère à n chromosomes du sac embryonnaire et donnera *l'œuf plantule* à $2n$ chromosomes.

La deuxième partie du gamète mâle se fusionne avec le noyau secondaire du sac embryonnaire et donnera *l'œuf albumen.* (✳)

15   *La fructification*

La fécondation effectuée, nous savons que la fleur se fane et que l'ovaire se développe en fruit contenant les graines issues des ovules.

Le grossissement de l'ovaire est plus ou moins important selon les sortes botaniques de fruits.

Sur le plan horticole, seul le développement des fruits charnus présente un intérêt technique.

Étudions celui d'une poire.

151   Nous passons d'abord par le stade de la nouaison, stade où nous pouvons être sûr que la fécondation s'est bien effectuée

152   L'arbre cherche toujours à garder un certain équilibre physiologique et tenant compte de plusieurs éléments dose sa propre production selon ses possibilités.

C'est *la chute naturelle des fruits* (✳ ✳), sélection personnelle de l'arbre fruitier.

✳

Les arboriculteurs connaissent tous la « coulure des fleurs » phénomène physiologique des plus fâcheux puisque c'est l'avortement pur et simple de la fleur.

Nous savons déjà que cela peut être dû à :

1) des incompatibilités variétales : autostérilité, mais en plus des phénomènes extérieurs peuvent nuire à la fécondation.

2) un excès ou une carence d'azote qui peut empêcher la mise à fleur mais aussi gêner la fécondation proprement dite.

3) des intempéries :
- les pluies gênent la pollinisation et « noient » les grains de pollen,
- le froid ralentit la circulation de la sève et gêne la fécondation (trop vif, en-dessous de 2°) il gèle les organes reproducteurs à 0°.

Nous devrons nous souvenir qu'une belle floraison n'est pas promesse d'abondante fructification.

✳ ✳

L'arboriculteur doit prendre toutes les mesures possibles pour limiter la chute des fruits du mois de juin... dans la mesure où la nouaison n'aura pas été trop abondante.

Il faut surveiller surtout les excès de sécheresse, les défauts d'alimentation, qui risquent de déséquilibrer la vie de l'arbre arrivé à ce stade.

153 Puis c'est le stade de la maturation avec toute une série de phénomènes physiologiques et chimiques.

1531 *Phénomènes physiologiques constatés sur le fruit*

Sa température s'élève.
Sa respiration s'accélère d'où absorption plus grande d'oxygène et dégagement plus grand de gaz carbonique; le dégagement de vapeur d'eau augmente.
Ces phénomènes sont accélérés par une augmentation de la température, par la présence d'oxygène, par une diminution du degré hygrométrique, 3 causes matérielles extérieures que le professionnel peut moduler (❀).

1532 *Phénomènes chimiques*

Les acides des fruits se combinent aux bases de la sève et donnent des sels, d'où diminution de l'acidité du fruit.
L'amidon se transforme en sucre et le fruit devient sucré, plus riche en pectine et plus gélatineux.
Les alcools se transforment en essences d'où parfum plus développé des fruits, et aussi en produits volatils, d'où dégagement de gaz éthylène. (❀ ❀)

154 Le fruit arrive à sa maturité (❀ ❀ ❀)

155 Il se forme au point d'insertion du pédoncule, sur le rameau, un point de gélification semblable à celui du processus de la chute des feuilles : *c'est la chute du fruit* (❀ ❀ ❀ ❀).

Note sur les fruits sans pépins
Nous savons que la progression du tube pollinique dans le style est accompagnée d'une sécrétion d'hormone par celui-ci, hormone favorisant la fécondation. (❀ ❀ ❀ ❀ ❀)

❀

Pour la conservation des fruits charnus :
- il faut diminuer la température des locaux : technique du froid,
- il faut modérer l'aération pour ralentir les échanges gazeux et un apport d'azote atmosphérique en diminuant la proportion d'oxygène y réussit,
- il faut garder un certain degré hygrométrique pour éviter la perte de poids trop importante.

❀ ❀

Nous pouvons vérifier si un fruit arrive à maturité avec une solution iodée qui bleuit en présence d'amidon contenu dans un fruit non mûr.
Pour la conservation, les phénomènes de maturation étant accélérés par les gaz volatils (éthylène en particulier) il faut évacuer tous ces produits des locaux.
L'augmentation du pourcentage de gaz carbonique ralentissant la maturation, nous pourrons utiliser la technique du sac polyéthylène qui est perméable au gaz carbonique d'où ralentissement de la maturation, mais imperméable à l'eau d'où perte de poids limitée.

❀ ❀ ❀

Les fruits dits d'été et d'automne :
- consommés sur place sont cueillis mûrs,
- transportés à plus ou moins longue distance, ils sont cueillis avant maturité,
Les fruits d'hiver sont cueillis avant les gelées et mûrissent en conservation.

❀ ❀ ❀ ❀

L'utilisation d'hormones retarde cette gélification et permet d'enrayer la chute prématurée des fruits avant la récolte (vent...).

❀ ❀ ❀ ❀ ❀

La pulvérisation d'hormones synthétiques peut, sur certaines espèces fruitières, déclencher le processus de la fructification mais sans fécondation.

Dans ce cas, nous obtenons des fruits sans pépins, dits parthénocarpiques.

Expériences sur tomates (*Lycopersicum esculentum*), sur oranges (*Citrus sinensis*).

16 La graine

161 Formation de la graine

1611 L'albumen

C'est une matière de réserve donnée par la division successive de l'œuf-accessoire jusqu'à complet remplissage du sac.

1612 L'embryon

L'œuf principal se divise en deux :
- la partie inférieure donne l'*embryon*,
- la partie supérieure donne le *suspenseur* qui enfonce l'embryon dans l'albumen.

162 Dissémination des graines

Elle peut se faire de diverses manières.

1621 Par le vent

Il y a adaptation de la graine ou du fruit la contenant : samare ailée, poils...

1622 Par les animaux

Fruit crochu : akène de benoîte *(Geum chiloense)*, ingestion de fruits et passage intact des graines dans l'intestin : mûre *(Morus alba)*, fruit se collant aux pattes des oiseaux : gui *(Viscum album)*.

1623 Par rupture violente

Balsamine *(Impatiens balsamina)*, genêt *(Cytisus scoparius)*.

1624 Par l'eau

C'est la mer qui a transporté les graines de palmier *(Phœnix dactylifera)* sur certains atolls du Pacifique.

1625 Par l'homme

Avions, bateaux et autres moyens de transport.

Nous pourrons semer de suite après la récolte des grains de blé *(Triticum sativum)*, de haricot *(Phaseolus vulgaris)*. Si techniquement cela est possible, les graines germeront.

Nous devrons attendre la maturité de celles qui ne sont pas mûres en même temps que le fruit (pêcher : Prunus persica).

Cette période s'appelle : la dormance des graines.

Nous utiliserons alors la stratification (voir le cours de multiplication des végétaux).

D'où les problèmes posés par la culture dans le Nord de la France de variétés de maïs *(Zea mays)* du Midi.

Les graines destinées à la consommation seront desséchées, mises en silo et même enveloppées dans des matières isolantes.

Les graines destinées à la germination seront séchées sans excès ; il faudra toujours éviter l'asphyxie.

La durée de vie de l'embryon n'est pas illimitée quelles que soient les conditions de conservation utilsées.

C'est ce que l'on appelle la durée germinative qui peut aller de quelques semaines à quelques années.

L'horticulteur non assuré du pouvoir germinatif de ses graines aura intérêt à faire un essai de germination (voir cours multiplication des végétaux).

17 La germination

171 La maturité de la graine

a) Un fruit peut arriver à maturité en même temps que la graine qu'il contient, cas du blé *(Triticum sativum)*, du haricot *(Phaseolus vulgaris)*.

Par contre, des graines peuvent ne pas être mûres lorsque le fruit l'est, les décalages pouvant atteindre un an ou deux. Cas du pêcher *(Prunus persica)* (❀).

b) Selon leur origine, les graines exigent une certaine « somme de chaleur » pour mûrir (❀ ❀).

c) Les graines avant leur germination restent dans un état de vie ralentie. Elles respirent très lentement en absorbant de l'oxygène et rejetant du gaz carbonique et de la vapeur d'eau.

Elles vivent aux dépens de leurs matières de réserves.

Elles perdent du poids.

Ces phénomènes sont augmentés par un renouvellement d'air rapide, par une augmentation de la température, par une augmentation du degré hygrométrique (❀ ❀ ❀).

172 Conditions de la germination propres à la graine

1721 Il est évident que l'embryon devra être bien constitué et vivant puisque c'est lui qui donnera la jeune plantule (❀ ❀ ❀ ❀).

1722 Les matières de réserves ne seront pas altérées

Ceci est surtout difficile pour les graines oléagineuses qui rancissent facilement.

173 Modes de germination

Faisons germer trois graines différentes :
- une de pois *(Pisum sativum)*,
- une de ricin *(Ricinus communis)*,
- une de haricot *(Phaseolus vulgaris)*.

1731 Cas du Ricin *(Ricinus communis)*

La graine glonfle.

Le tégument se déchire.

La radicule s'enfonce dans le sol.

La germination épigée du haricot

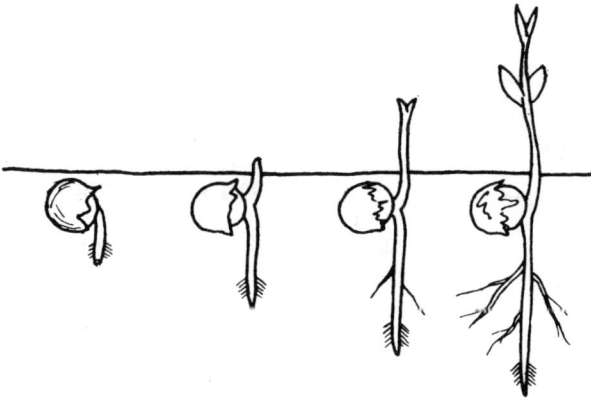

La germination hypogée du pois

La graine est soulevée du sol par l'allongement de la tigelle.

Les cotylédons verdissent et donnent les deux premières feuilles.

1732   Cas du Haricot (*Phaseolus vulgaris*)

La graine gonfle.

Le tégument se déchire.

La radicule s'enfonce dans le sol.

La tigelle soulève les cotylédons qui s'écartent.

La gemmule apparaît et donne ses deux premières feuilles.

Les cotylédons vides de réserves se desséchent et tombent.

Dans ces deux cas, seule, change, l'évolution des cotylédons car la graine a toujours été soulevée du sol, l'axe hypocotylé se trouvant en-dessous des cotylédons s'est allongé.

(On appelle *axe hypocotylé*, la portion de tigelle comprise entre la radicule et les cotylédons).

Nous avons assisté à une germination épigée.

1733 Cas du Pois (*Pisum sativum*)

La graine gonfle.

Le tégument se déchire.

La radicule s'enfonce dans le sol mais la graine n'est pas soulevée.

Les cotylédons restent dans le sol.

L'axe hypocotylé ne s'est pas allongé.

Nous avons vu : une germination hypogée.

174   Physiologie de la germination

❀
_____

Après un semis, il faut toujours arroser sauf si l'on compte sur la pluie.

Les graines ne germent pas par températures basses.

Un sol aéré est nécessaire à la vie de l'embryon.

1741   Pour germer, une graine a besoin de trouver un certain nombre de conditions extérieures (❀).

Il lui faut :

a) de l'eau qui joue :

- un rôle mécanique sur le déchirement du tégument ;

- un rôle chimique en dissolvant les substances de réserves dont la plantule a besoin tant qu'elle ne peut subvenir à sa propre nutrition ;

b) de la chaleur : optimum 20°;

c) de l'oxygène car la respiration devient intense.

1742   Durant la germination

La graine respire énormément en dégageant de la chaleur.

La graine transpire, d'où perte de poids.

La graine digère ses matières de réserves grâce à des diastases qui transforment l'amidon en glucose, l'aleurone en acides aminés, et saponifient les graisses (voir chap. 5-16).

Puis la plante devient indépendante.

Elle absorbe ses matières minérales, l'eau et assure son assimilation chlorophyllienne.

Notons que les processus sont les mêmes lors de la mise en végétation des bulbes, rhizomes, tubercules. Seul, le lieu de stockage des réserves est différent.

18 La reproduction des gymnospermes

Les gymnospermes groupent les plantes à fleurs mais à ovules nus, sans ovaires.

Reprenons un de nos premiers exemples observés : le pin sylvestre *(Pinus sylvestris).*

C'est une plante monoïque.

Nous pouvons voir sur le même arbre des productions appelées « cônes » et qui sont d'ailleurs de formes et de positions différentes.

Les cônes sont formés par des feuilles écailleuses imbriquées les unes dans les autres.

181 Les cônes mâles

Dressés, ils sont de véritables épis sporifères jaunâtres.
Chaque feuille du cône abrite une étamine réduite à son anthère.

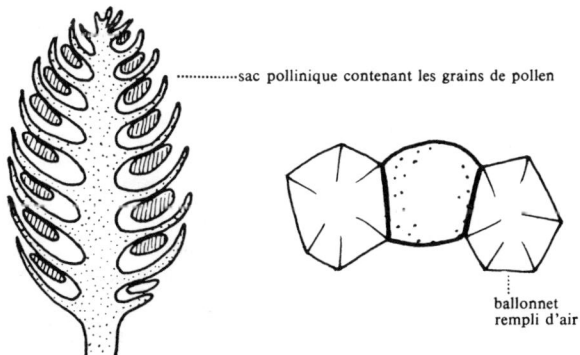

sac pollinique contenant les grains de pollen

ballonnet rempli d'air

Cône mâle et grain de pollen du pin

Chaque anthère contient soixante quatre *microspores*.

Chaque microspore est un grain de pollen comportant quatre cellules dont une seule deviendra *une anthéridie*.

Chaque grain de pollen est muni de ballonnets remplis d'air (pollinisation anémophile) et est dispersé à maturité.

182 Les cônes femelles

Dressés, violacés, ils sont constitués de fleurs femelles composées de deux feuilles :
- une bractée, feuille stérile,
- un carpelle, feuille fertile.

Chaque carpelle donne deux macrosporanges.

Chaque macrosporange est un ovule dont le sac embryonnaire contient *quatre oosphères*.

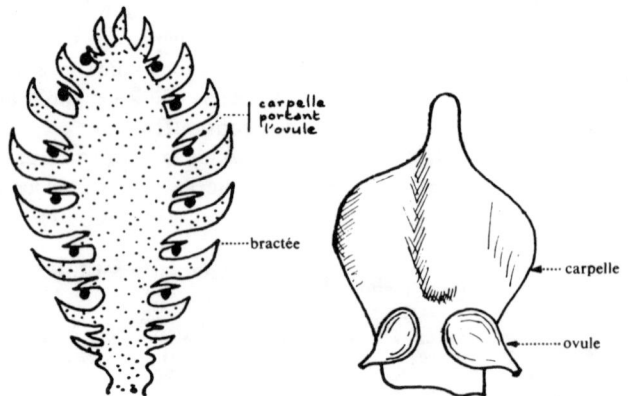

Cône femelle et fleur femelle du pin

183 Fécondation

La pollinisation et la germination du grain de pollen s'effectuent par exemple au printemps 1987. La fécondation n'aura lieu qu'au printemps 1988, soit la deuxième année.

L'anthéridie possède deux gamètes mâles dont un seul féconde un oosphère.

Un œuf donne quatre embryons. Un ovule donnera donc seize embryons mais un seul formera la graine ailée à nombreux cotylédons.

Après la fécondation, la graine mûrit dans le cône puis s'échappe par écartement des écailles mais le cône vide reste fixé sur l'arbre.

Nous voyons donc sur le pin :

La première année, les cônes femelles dressés verts puis bruns et recourbés vers le bas après pollinisation mais la deuxième année seulement, les cônes vides.

- Une particularité du sapin *(Picea excelsa)* :

Les écailles des cônes se détachent une à une.

Nous ne trouverons jamais sous les sapins, des cônes désséchés.

- autre particularité chez le thuya *(Thuya occidentalis)* et le cyprès *(Cupressus arizonica)*. La durée de la fécondation est réduite à un an au lieu de deux.

2

Reproduction asexuée des phanérogames

■ La reproduction sexuée fait intervenir la fécondation des organes femelles par les organes mâles, chacun d'eux possédant des cellules reproductrices à n chromosomes et fusionnant pour former un œuf à $2n$ chromosomes. (❀)

L'œuf possède donc des chromosomes issus d'organes mâles et des chromosomes issus d'organes femelles et par conséquent portera à la fois les caractères héréditaires de chacun des 2 parents (voir génétique chap. 7).

■ La multiplication par voie sexuée est parfois longue (❀ ❀).

■ Quelles sont les méthodes mises au point pour assurer la multiplication végétative ?

Nous pourrons agir par :

- Division de touffes : la souche est vivace, elle sera éclatée en plusieurs touffes. Ex. = plantes vivaces.
- Marcottage : le rameau encore attenant au pied mère est mis en terre ; il émet des racines et est ensuite séparé du pied mère : porte-greffes du pommier *(Paradis, doucin*, EM (voir arboriculture fruitière), du poirier *(cognassier*, EM (voir arboriculture frutière).
- Bouturage : opération identique au marcottage mais le rameau est détaché du pied mère avant l'émission de racines : géranium *(Pelargonium zonale)*.

- Greffage : une portion de végétal détachée d'un pied est mis en contact avec un autre végétal possédant des racines. Il y a soudure.
L'un constitue la partie souterraine et parfois la tige.
L'autre forme la partie aérienne et porte feuilles, fleurs, fruits. Greffage des cultivars de lilas *(Syringa vulgaris)*, pommier *(Malus communis)*, poirier *(Pyrus communis)*, cerisier *(Prunus avium)*.
- Cultures *in vitro* : de plus en plus développées, elles deviennent de véritables cultures industrielles.

Les techniques de multiplication végétative sont décrites dans le cours de multiplication des végétaux. Plaçons nous seulement sur le plan botanique.

21   La division de touffes

La souche vivace éclatée, chaque touffette se ramifiera de la base, les nouvelles tiges démarrant à partir de bourgeons adventifs.
Des racines adventives se développeront aussi.
Botaniquement cette multiplication est facile.

22   Le marcottage

Il s'agit là de faire démarrer des racines adventives en général aux nœuds des tiges mises en terre.
Le rameau continue de vivre grâce à la sève du pied mère avec lequel il est en relation.
L'emploi d'artifices peut favoriser ce développement de racines :
- incision coupant les faisceaux libériens : formation d'un bourrelet et souvent de racines ;
- torsion du rameau brisant ces mêmes vaisseaux ;
- emploi d'hormones facilitant la prolifération de certains tissus et des racines adventives, en particulier.

23   Le bouturage

Opération plus délicate puisque la formation des nouveaux organes va se faire uniquement à partir des matières de réserve de la bouture tout en continuant à assurer la vie même de celle-ci en commençant par la cicatrisation de la plaie.

La cicatrisation par formation d'une couche subérifiée (comme à chaque blessure) est facilitée évidemment par une coupe franche évitant les tissus meurtris.

La présence de matières de réserves en quantité suffisante implique l'utilisation de rameaux bien formés et surtout par les boutures en sec, de rameaux bien aoûtés. La vie prolongée de la bouture en attendant son « indépendance » demande un certain nombre de précaution d'« économie physiologique », d'où :
- réduction de la surface foliaire,
- milieu humide sauf pour certaines boutures craignant la pourriture.

L'émission rapide de radicelles qui n'a lieu qu'après la formation du bourrelet, racines adventives issues du cylindre central comme toutes ramifications radiculaires, peut être aussi facilitée par l'emploi d'hormones.

24   Le greffage

C'est la multiplication la plus délicate.
Le point essentiel est d'assurer la soudure.
Cette soudure se fait à partir des deux assises génératrices qui se multiplient rapidement jusqu'à la fin de cette opération et qui, en définitive, consiste à mettre en communication, d'une part, le liber du sujet et du greffon, d'autre part, le bois du sujet et du greffon afin d'assurer la continuité de la circulation de la sève.
Nous comprenons pourquoi :
- si l'affinité n'est pas très bonne, le développement des assises génératrices sera important d'où gros bourrelet de cicatrisation.
- les cambium, principales assises génératrices mises en cause dans la soudure, doivent coïncider absolument entre sujet et greffon au moins à partir d'un point : dans le greffage, ce ne sont pas les écorces qu'il faut aligner mais les cambium.

Il reste un problème intéressant à envisager : c'est ce que les techniciens appellent :
« l'hybride de greffe ».
Nous avons dit que le greffon donnait la partie aérienne avec feuille, fleur, fruit (c'est du moins le but recherché par les greffeurs).
Or, les vignes européennes greffées sur vignes américaines, après l'attaque de phylloxéra, fin XIXe siècle, ne donnent plus tout à fait les mêmes raisins.
Qui plus est, au Jardin des Plantes de Paris, un greffage entre un cytise jaune et un cytise rose a donné un pied qui fleurit des deux couleurs.

Faut-il en déduire que, dans certains cas, les caractères
héréditaires du sujet sont transmis au greffon ? Non,
c'est ce que les généticiens appellent une chimère (voir
chap. 7).
Il n'en demeure pas moins que les qualités du sujet
influent sur la pousse du végétal greffé :
- arbre plus ou moins vigoureux,
- fruit plus ou moins colorés etc.

Enfin, rappelons que les rapports systématiques n'ont
rien à voir avec l'affinité des végétaux pour le greffage
ce qui semble paradoxal.
Citons le cas du poirier très proche du pommier et que
l'on ne peut greffer que très difficilement l'un sur
l'autre.
Mais le poirier, plus éloigné « systématiquement » du
cognassier, réussit très bien sur cette espèce végétale qui
est devenu son porte-greffe en culture commerciale.

25   *Les cultures* in vitro

Ce sont des méthodologies modernes qui facilitent des
multiplications ultra rapides et de masse pour obtenir
en grand nombre les nouvelles variétés et/ou les
plantes résistantes aux virus (amélioration des plantes
et régénération).
Les cultures intéressent les organes, les méristèmes, les
cellules.
Le principe de base consiste, par exemple, sur les
méristèmes : à :
- préparer le milieu de culture (solution aqueuse ou
solidifiée : gélose),
- aseptiser ce milieu soit par autoclavage (20 minutes à
120°) mais il faut ensuite le refroidir, soit par passage
en chambre à gaz, soit par passage sous rayons ultra
violets,
- stériliser les tissus et les repiquer sous hotte stérile
dans des tubes placés ensuite en conditions stériles,
avec 2 500 lux de lumière et sous une température de
20 à 25°,
- mettre les produits obtenus en salles de culture dans
des tubes plus grands ou des flacons pour obtenir allongement et enracinement par 5 à 30 plantes à la fois,
- passer le tout en culture post in vitro aux 3/4 du récipient rempli,
- terminer ensuite par l'acclimation en culture in vivo.

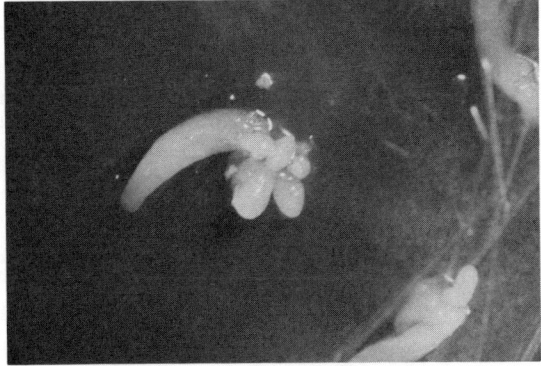

*Grappe d'embryons somatiques de palmier dattier
(Cliché L.R.P.V.)*

*Le Lys de montagne en
multiplication* in vitro
(Cliché L.R.P.V.)

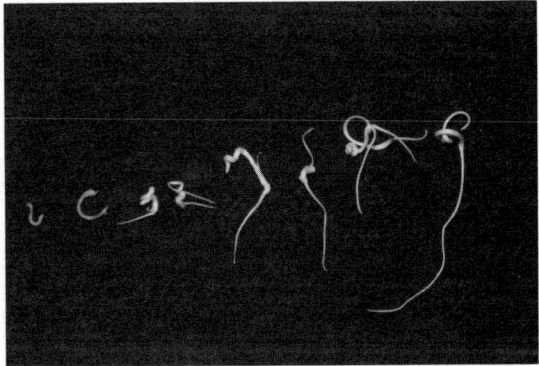

*Embryons somatiques de palmier dattier : différents stades
de développement
(Cliché L.R.P.V.)*

Enracinement post in vitro *du jojoba
(Cliché L.R.P.V.)*

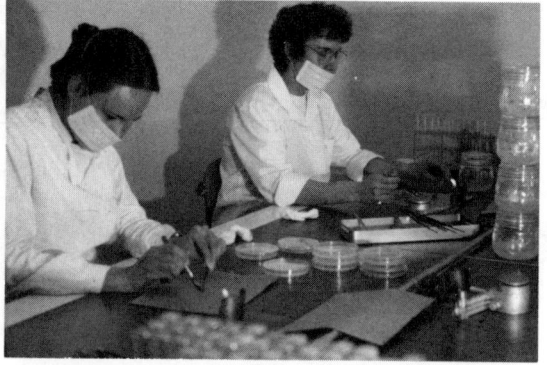

Repiquage en conditions stériles sous hotte à flux laminaire
(Cliché L.R.P.V.)

Salle de culture
(Cliché L.R.P.V.)

Stérilisation des milieux de culture par autoclavage
(Cliché L.R.P.V.)

3

Reproduction des cryptogames

Nous reprendrons dans cette étude, les mêmes exemples que nous avons traités pour les études morphologiques et anatomiques des plantes sans fleurs.

31 Les fougères

311 Polypodium aureum

Sous les frondes nous avons distingué des taches brunes. Ce sont *les sores* qui apparaissent à la fin de l'été.

Chaque sore est composée de l'ensemble des *sporanges*. Chaque sporange contient seize cellules fertiles, chacune donnant quatre spores.

Les spores ressemblent aux grains de pollen mais leur rôle est différent.

En effet, un spore sur le sol germera et donnera naissance à une petite lame verte en forme de cœur : *le prothalle* qui ne possède ni tiges, ni feuilles, ni racines, mais va porter sur sa face inférieure, des organes mâles et femelles.

Les *anthéridies* (organes mâles) s'ouvrent et libèrent les *anthérozoïdes* avec leurs cils vibratiles.

Ces gamètes mâles n'ont que n chromosomes.

Les *archégones* (organes femelles) contiennent les *oosphères* à n chromosomes.

Notons que ce sont les archégones qui sécrètent l'acide malique devant attirer les anthérozoïdes (voir chap. 5-32. 11).

Par temps humide, la fusion d'un anthérozoïde et d'un oosphère donne *un œuf* à $2n$ chromosomes.

Cet œuf à quatre cellules donne *l'embryon* :

une cellule formera le pied devant
nourrir l'embryon,   de la jeune
une autre sera à l'origine de la racine,   fougère
la troisième, donnera la tige,
et la quatrième, la feuille.

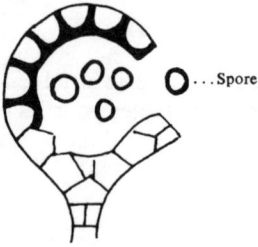

... Spore

Sporange

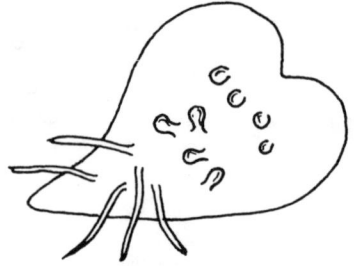

Prothalle
avec organes mâles et femelles

Anthérozoïde

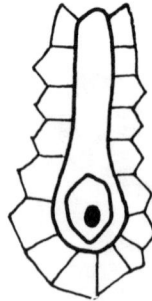

Archégone

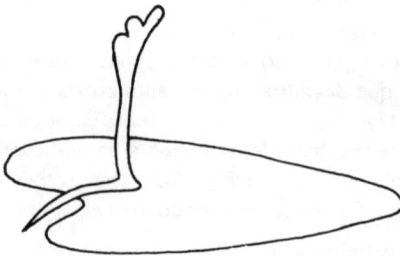

Embryon

Reproduction sexuée du polypodium

312 Plantes voisines des fougères

a) Les Prêles, possèdent le même processus de multiplication mais le prothalle est unisexué.

b) Les Sélaginelles (Selaginella cuspidata), tout comme les prêles, possédent un prothalle unisexué mais leurs organes florifères sont composés d'épis sporifères dont la base est formée de feuilles stériles et le sommet de feuilles fertiles donnant les micro- et macrosporanges.

32 Les mousses

321 Sphagnum cymbiifolium : sphaigne

Certaines tiges portent des *sporanges* à leur extrémité contenant des *anthéridies* en masse, organe mâle, renfermant de nombreux *anthérozoïdes* et des *archégones* en forme de bouteille qui attirent par des sucs, les anthérozoïdes, et contenant les oosphères.
Après fécondation, il se forme un œuf qui germe et donne le *sporogone*.
Ce sporogone vit en parasite en haut de la tige feuillée et produit les *spores*.
Chaque spore donne naissance à une nouvelle mousse par germination.
Gamètes mâle et femelle sont à n chromosomes.
Le sporogone et l'œuf sont à $2n$ chromosomes.

322 Plantes voisines des mousses

Les hépatiques possèdent un processus de multiplication identique.

33 Les champignons

331 Le champignon de couche ou Agaric champêtre

Comme tous les champignons à chapeau, nous savons que la partie aérienne de ce végétal est l'organe reproducteur.

Les lamelles se trouvant sous « le chapeau » portent *les basides*, fructification de ce groupe de champignon (appelé pour cela les basidiomycètes).

Chaque baside contient deux spores : les basidiospores, à deux noyaux et qui à maturité rendent les lamelles brunes.

La germination des basidiospores donne un nouveau mycélium : l'organe végétatif.

Notons pour ce champignon la possibilité de se multiplier végétativement par « bourturage » dans certaines conditions de milieu (voir culture du champignon de couche).

332 La tavelure du pommier *(Venturia inaequalis)*

C'est évidemment un cas de multiplication intéressant fortement l'aboriculteur.

Mais l'importance économique de ce parasite est telle que le cours de parasitologie développe ce chapitre,
- tant sur le plan du traitement,
- que sur celui de l'évolution et donc de la reproduction de ce champignon.

Nous vous recommandons de vous reporter à ce livre.

34 Les algues

341 Le varech

Nous pouvons rencontrer deux sortes de Fucus :
- le Fucus monoïque,
- le Fucus dioïque.

Dans les deux cas, les extrémités de rameaux donnent des renflements fertiles contenant des conceptacles mâles et femelles.

Les conceptacles mâles portent les *anthéridies* produisant les *oosphères*.

La fécondation des deux, donne naissance à *un œuf*, origine de la jeune algue (voir planche page 169).

342 Les algues microscopiques

Elles peuvent se multiplier par spores sans fécondation comme les protocoques : poudre verte se trouvant sur les troncs.

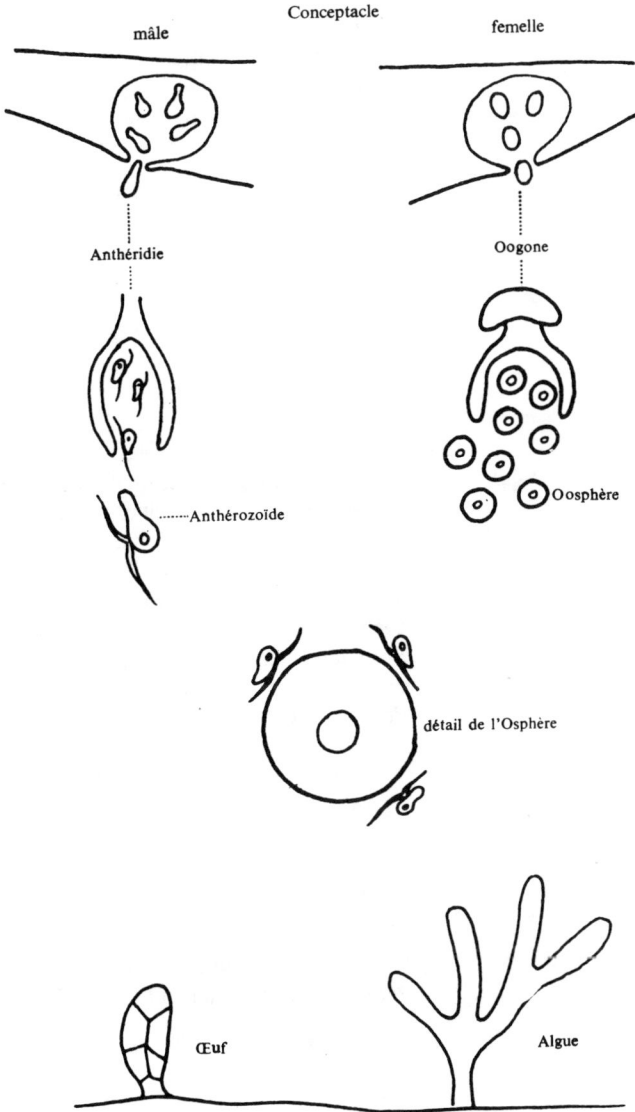

Conceptacle

mâle

femelle

Anthéridie

Oogone

Anthérozoïde

Oosphère

détail de l'Osphère

Œuf

Algue

Reproduction sexuée du fucus

35   Les lichens

Les lichens, comme la Parmélie des Murailles, sont issus de l'association d'une algue et d'un champignon. Comme telle, ils pourraient se multiplier :
- par *spores*, mais dans ce cas, le champignon se multipliera (spore du champignon) car très rarement il trouvera à côté de lui, une algue.
- par *bouturage naturel*, par des organes appelés *sorédies*, et comprenant un réseau de filaments du champignon et des cellules vertes de l'algue.

Ce procédé facilite l'envahissement des murs par la Parmélie.

36   Reproduction comparée des cryptogames

Pour les fougères. Le végétal adulte provient de l'œuf qui se développe à partir d'un prothalle sexué, lui-même issu de spores, donnés par la fougère adulte.
Pour les mousses. Le végétal adulte provient d'un spore qui se développe à partir d'un sporange, lui-même issu d'un œuf donné par la mousse adulte ; c'est-à-dire le contraire de la fougère où l'œuf donne la fougère.
Pour les champignons. Le thalle à partir des organes reproducteurs donne des spores, reproduisant le thalle.
Pour les algues. Plusieurs modes de multiplication sont possibles :
- soit comme pour les champignons : algue, organe reproducteur, spore, algue,
- soit avec fécondation : algue, conceptacle sexué, œuf, algue,
- soit les deux à la fois.

Pour les lichens.
Par obligation, bouturage naturel.
Par spores artificiellement (voir § 53.1, chap. 5).

Chapitre 7
Notions de génétique

1
La génétique végétale

La génétique végétale est la science qui étudie toutes les questions se rapportant à l'hérédité et dont les travaux reposent avant tout sur *l'observation et l'expérimentation*.

Mendel, moine botaniste, vivant au XIXe siècle, a été le précurseur de la génétique végétale.

2
L'hérédité

L'hérédité est l'ensemble des caractères génétiques transmis par les ascendants aux descendants du règne animal ou végétal.

21 Les caractères héréditaires

211 Fixation des caractères héréditaires

Ces caractères sont fixés sur les chromosomes du noyau de la cellule.

En effet, chaque chromosome porte des gènes et chaque gène est le support d'un caractère héréditaire donné.

A la fécondation de l'ovule, il y a fusion de la cellule reproductrice mâle à *n* chromosomes avec la cellule reproductrice femelle à *n* chromosomes (ch. 6-14).
Chaque chromosome mâle a son homologue femelle.
De la fusion des gamètes sexués naît un œuf à *2n* chromosomes (ch. 6-14).
Chaque chromosome mâle a son homologue femelle.
De la fusion des gamètes sexués naît un œuf à *2n* chromosomes.
- De ces faits, les couples de chromosomes de l'œuf transmettent aux descendants les caractères héréditaires des parents.
Mais cette transmission s'effectue plus ou moins fidèlement.

❀
Si le maraîcher sème des graines de pois nains et à grains ronds, il récoltera sur des pieds de pois nains, des graines rondes.

❀ ❀
L'arboriculteur sait très bien qu'en semant des pépins de poires récoltées sur un cultivar *Williams*, par exemple, les arbres qui seront issus de ces graines, donneront évidemment des poiriers mais les fruits seront loin de ressembler à ceux récoltés sur l'arbre d'origine.

2111 Parfois les caractères des parents se retrouvent intégralement (❀)

2112 Mais souvent les caractères des parents ne se retrouvent pas transmis visiblement dans la descendance (❀ ❀).

212 Les caractères héréditaires cachés ou apparents.

Ainsi tous les caractères héréditaires n'apparaissent pas semblables à ceux des parents.

2121 Dans notre semis de graines de poires Williams, nous avons obtenu des végétaux différents les uns des autres et différents des parents, ne serait-ce que par leurs fruits (forme, couleur, goût... différents).
Chaque sujet ainsi obtenu, est *un phénotype*, c'est-à-dire l'expression des apparences extérieures, la manifestations des caractères apparents et même *des caractères* non héréditaires.

2122 Pourtant chaque chromosome de ce phénotype possède tous les caractères des parents y compris ceux qui n'apparaissent pas : *les caractères cachés*.
L'ensemble de ces caractères cachés et apparents constitue le véritable patrimoine de l'individu : c'est *le génotype*.

213 La transmission des caractères héréditaires

Nous savons donc que l'embryon reçoit *n* chromosomes du parent mâle et *n* chromosomes du parent femelle.

Chaque chromosome mâle correspond à un chromosome femelle.
Chaque gène de l'un des chromosomes mâles correspond à un gène d'un chromosome femelle.
Mais l'ensemble des caractères se transmet au hasard.

❀
Multiplication : du pois, de la violette, etc.

2131 Si le même caractère est fixé sur un chromosome homologue, *la plante est homozygote* (❀)
La descendance ressemble aux parents,
Nous avons une *lignée pure* que nous pouvons multiplier par voie sexuée sans risque de « surprise » dans la descendance,
Le génotype est semblable au phénotype.

❀ ❀
Multiplication : de la pomme de terre, des arbres fruitiers, du dahlia, du géranium, etc.

2132 Si des caractères différents sont fixés sur un chromosome homologue, *la plante est hétérozygote* (❀ ❀)
La descendance ne ressemble pas forcément aux parents.
Le seul moyen de multiplier ces « individus » en gardant leur spécificité est d'utiliser la multiplication végétative.
Le phénotype provenant d'une multiplication sexuée ne ferait apparaître qu'une partie des possibilités du génotype.

22   Les caractères non héréditaires

Ceux-ci n'ont rien à voir avec les caractères héréditaires. Ils intéressent un ou plusieurs individus et proviennent le plus souvent d'une modification des conditions de milieu.
Par exemple, dans une planche de cultures :
- telle ou telle plante potagère sera plus vigoureuse que le reste de ses voisines,
- une tâche à végétation luxuriante apparaîtra dans un carré de culture,
- les mêmes plantes issues des mêmes lignées pures ou des mêmes multiplications végétatives donneront des résultats différents d'une pièce de terre à l'autre.

Il ne faudra pas toujours croire être en présence d'un nouveau type de végétal mais plus simplement que le ou les individus considérés ont bénéficié de conditions particulières :
- dose plus forte d'engrais,
- microclimat particulier,
- façons culturales différentes, etc.
Ces modifications ne sont en rien héréditaires... malheureusement !

3

Les lois de Mendel

Mendel était un moine vivant en Moravie au XIXe siècle.

Fervent botaniste, il a réalisé de nombreuses expériences desquelles il a tiré des lois sur l'hérédité qui n'ont été reconnues valables qu'au siècle suivant.

Il a étudié les croisements entre deux végétaux de race pure et possédant une ou plusieurs paires de caractères différents.

31   *Monohybridisme*

Etudions tout d'abord le cas le plus simple : une seule paire de caractères est différent. C'est le monohybridisme

311   Cas où les hybrides de 1re génération sont semblables aux parents :

Croisons un pois rond avec un pois ridé,
Représentons par P les parents, par F les générations, par o les pois ronds, et par ■ les pois ridés.

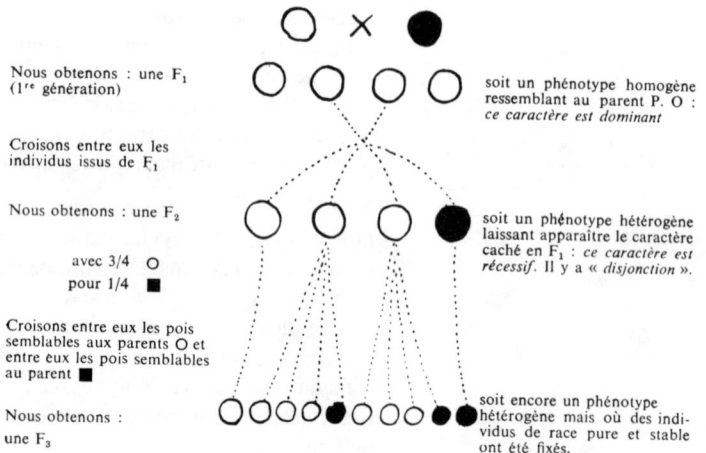

Nous obtenons : une F_1 (1re génération)

soit un phénotype homogène ressemblant au parent P. O : *ce caractère est dominant*

Croisons entre eux les individus issus de F_1

Nous obtenons : une F_2

avec 3/4 O
pour 1/4 ■

soit un phénotype hétérogène laissant apparaître le caractère caché en F_1 : *ce caractère est récessif*. Il y a « *disjonction* ».

Croisons entre eux les pois semblables aux parents O et entre eux les pois semblables au parent ■

Nous obtenons :
une F_3

soit encore un phénotype hétérogène mais où des individus de race pure et stable ont été fixés.

En effet, il est apparu en F_3 :
- 1/4 d'individus de race pure et à caractère dominant et qui donneront toujours des individus de race pure et à caractère dominant,
- 1/4 d'individus de race pure et à caractère récessif et qui donneront toujours des individus de race pure et à caractère récessif ;
- 2/4 d'individus hétérogènes dont la descendance se conduira comme celle de F_2.
Soit dans les proportions 1 - 2 - 1.
Note concernant les parents : Les résultats obtenus dans cette expérience sont identiques quel que soit le parent pris comme père ou comme mère.

312   Cas où les hybrides de 1re génération sont différents des parents :

Etudions maintenant un autre cas de monhybridisme :
Le *Mirabilis jalapa*, la Belle de Nuit.
Choisissons une lignée pure à fleur balnche et une lignée pure à fleur rouge.
Pollinisons les fleurs du parent à fleur blanche P Bl par le pollen des fleurs du parent à fleur rouge P Rge.

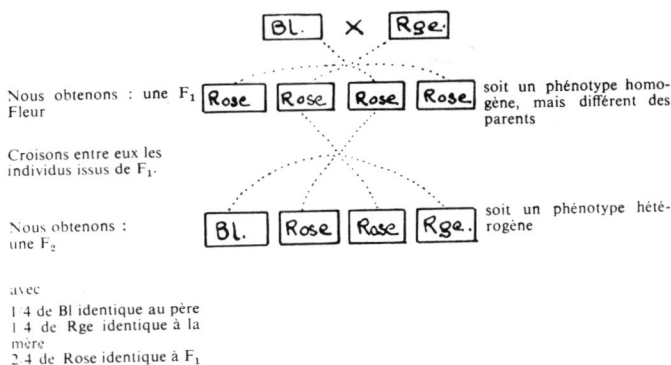

Nous obtenons : une F_1 Fleur — [Rose] [Rose] [Rose] [Rose] — soit un phénotype homogène, mais différent des parents

Croisons entre eux les individus issus de F_1.

Nous obtenons : une F_2 — [Bl.] [Rose] [Rose] [Rge.] — soit un phénotype hétérogène

avec
1/4 de Bl identique au père
1/4 de Rge identique à la mère
2/4 de Rose identique à F_1

En F_3, la descendance F_2 croisée par lignée, montrera :
- Que les individus issus des Belles de Nuit à fleurs blanches et à fleurs rouges, sont de race pure, stables et possédant les caractères d'un des parents.
- Que les individus issus des Belles de Nuit à fleurs roses sont hétérogènes et se conduisent comme ceux de F_1, c'est-à-dire donneront :
1/4 de fleurs blanches,
1/4 de fleurs rouges,
1/2 de fleurs roses.

❀

Dans le deuxième cas, la distinction entre les individus de race pure et les autres est grandement facilités dès la seconde génération.

Dans le premier cas, il est nécessaire d'attendre une génération supplémentaire pour être sûr de la fixité de la variété.

Pourquoi ?

Parce que les caractères héréditaires sont transmis selon les lois du hasard.

Parce que nous venons de constater qu'il existait deux sortes de caractères : les caractères dominants et les caractères récessifs.

Lorsque les premiers sont présents, ne serait-ce qu'en un seul exemplaire, ils déterminent le phénotype.

Si un pois possède les deux caractères « rond » et ridé », seul l'aspect « rond » est visible.

Lorsque les caractères récessifs sont présents, il faut qu'ils le soient en totalité pour en donner le phénotype.

Si un pois possède le caractère double, le phénotype est ridé.

Dans le deuxième exemple : Belle de nuit, les caractères ne sont ni dominants, ni récessifs.

Les proportions sont toujours celles respectées dans le monohybridisme, soit : 1 - 2 - 1.

Dans le cas du Mirabilis jalapa, les caractères fleurs blanches et fleurs rouges ne sont : ni récessif, ni dominant.

Note concernant les parents. Comme pour l'exemple du pois, les résultats obtenus sont identiques quel que soit le parent pris comme père ou comme mère. (❀)

Remarque. On représente toujours le caractère dominant par une majuscule et le caractère récessif par une minuscule.

Et par voie de conséquence, les lignées pures s'écrivent avec 2 majuscules R R ou 2 minuscules *r r*.

32   Dihybridisme

Dans un croisement, il peut se présenter que deux paires de caractères soient différentes. C'est ce que l'on appelle le dihybridisme.

Mendel a effectué ses expériences avec des pois :

- l'un des parents choisi possède des graines rondes et de couleur jaune : symbole R J ;

- l'autre, des graines ridées et de couleur verte : symbole *r j*.

Les majuscules R et J représentent les caractères dominants.

Les minuscules *r* et *j* les caractères récessifs.

Dans le cas qui nous intéresse, pour *2n* chromosomes, les caractères des parents peuvent être symbolisés ainsi : R R J J et *r r j j*.

Les gamètes de chaque parent étant : R J et *r j*
F_1 sera symbolisé par R-*r*-J-*j*.

Seules les caractères dominants sont visibles, le phénotype sera donc R J et toutes les graines obtenues seront rondes et jaunes, semblables aux parents.

Les gamètes de F_1 possibles, seront alors : R-J, R-*j*, *r*-J, *r*-*j*.

Mathématiquement, nous aurons en F_2, 16 combinaisons possibles :

	R J		R j		r J		r j
RJ	(1) R R J J	(2) R R J *j*	(3) R *r* J J	(4) R *r* J *j*
Rj	(5) R R J *j*	(6) R R *j* *j*	(7) R *r* J *j*	(8) R *r* *j* *j*
r J	(9) R *r* J J	(10) R *r* J *j*	(11) *r r* J J	(12) *r r* J *j*
r j	(13) R *r* J *j*	(14) R *r* *j* *j*	(15) *r r* J *j*	(16) *r r* *j* *j*

(1-2-3 etc. = numéros de la case)

❀

Création de variétés nouvelles
par hybridation, création valable
pour les cultures légumières,
fruitières, ornementales.

Mais nous ne disposons que de 9 génotypes différents

case	1	répété	1	fois
–	2	–	2	–
–	3	–	2	–
–	4	–	4	–
–	6	–	1	–
–	8	–	2	–
–	11	–	1	–
–	12	–	2	–
–	16	–	1	–

Sur ces 16 possibilités, 4 seulement sont de race pure et déterminent des variétés définitivement fixées, cas homozygotes
1 en bi-recessif $r\,r\,j\,j$ phénotype d'un parent
1 en mono-récessif $r\,r\,J\,J$ ⎱ phénotypes différents
                                            ⎰ des parents
1 en mono-dominant R R $j\,j$ ⎰
1 en bi-dominant   R R J J   phénotype d'un parent

Les 12 autres formules déterminent des variétés non fixées hétérozygotes : ce sont des hybrides.
Les variétés à phénotype différent des parents sont des variétés pures, fixées et nouvelles (❀).
Notons aussi l'indépendance des 2 caractères vis-à-vis l'un de l'autre.

33   Polyhybridisme

Cas où plusieurs paires de caractères sont différents.
Il est évident alors que le nombre de combinaisons possibles est en progression géométrique (64 pour 3 paires de facteurs) ce qui explique en partie les difficultés rencontrées par nos hybrideurs.

34   Conclusions sur les lois de Mendel

341   Les lois de Mendel s'appliquent à tout être vivant animal ou végétal et quel que soit le facteur considéré : taille, couleur, pilosité, etc.

342   Si un facteur est dominant, il est le seul à apparaître à la première génération (F_1).

343 Il y a disjonction des caractères à la deuxième génération (F_2).

344 Il y a indépendance des caractères entre chaque paire de caractères.

4
L'hybridation

41   *Principes de l'hybridation*

411   Connaissant les lois de Mendel, il est possible d'étudier théoriquement la descendance de deux parents déterminés.
Compte tenu des buts recherchés, l'hybrideur choisira :
le parent père P mâle,
le parent mère P femelle,
sachant que *l'hybridation* ne donne pas de caractères nouveaux (cas de la mutation) mais *permet de nouvelles* associations de caractères, caractères possédés par les deux parents.
Il faudra attendre la génération F_2 pour apercevoir les disjonctions, puisque F_1 sera semblable aux parents soit mâle soit femelle (sauf si les caractères ne sont pas dominants ou récessifs : cas de Belle de Nuit).

412 Affinités

4121 Entre individus de la même espèce

En général, il ne se pose aucun problème et la fécondation est possible.
Cultivars de pommier entre eux, Golden Delicious, Reine des Reinettes (sauf cas d'interstérilité : voir arboriculture fruitière).

4122 Entre individus d'espèces différentes, le croisement est rarement possible. L'impossibilité peut être due au fait que l'hybridation :
- n'a pas été suivie de fécondation,
- n'a pas donné de graines,
- a donné des graines stériles,
- a donné des graines à plantules non viables.

Des exceptions existent : cas des espèces d'orchidacées.

42   Techniques de l'hybridation

Il s'agit de transporter le pollen de la « plante père » sur le stigmate de la « plante mère ».
Deux cas sont à considérer :

421   Cas des plantes unisexuées

L'opération est facilitée, puisqu'il suffit d'assurer la protection de la « plante mère » pour éviter toute pollinisation étrangère puis de transporter le pollen choisi sur le stigmate de la « fleur mère ».

422   Cas des plantes hermaphrodites

L'opération est plus délicate puisqu'avant de polliniser avec le pollen de la « plante père », il faut retirer les étamines des fleurs de la « plante mère », opération appelée castration, puis protéger la « plante mère », contre toute pollinisation extérieure, enfin assurer la pollinisation avec le « pollen père ».
Dans les deux cas, il est évident :
- que les organes mâles et femelles devront être arrivés à maturité,
- que la pollinisation effectuée, il s'agira de protéger la « plante mère » de toute pollinisation extérieure (gaze, cage…).

43   L'hétérosis

La multiplication répétée par autofécondation à chaque génération, amène une grande consanguinité de la descendance.

❀
_____

Des hybridations de lignées
pures en F1 donnent des individus très intéressants en horticulture par leur vigueur : fleurs plus
nombreuses, fleurs plus grandes,
floraison plus soutenue...
Cas des Zinnia *(Zinnia ele-
gans)*, sauge *(Salvia splendens)*, muflier *(Antirrhinum
majus)*, pétunia *(Petunia grandiflora)*, souci *(Calendula officinalis)*, etc.
Seulement l'hybridation doit
être recommencées tous les
ans à partir des parents initiaux
sous peine de perdre les avantages de l'hétérosis d'où le prix
des graines F_1 !

Les variétés ainsi obtenues sont très pures puisque l'on augmente les chances de voir apparaître un individu homozygote qui peut être alors le point de départ d'une lignée pure : c'est l'imbreeding.

Mais parallèlement la vigueur de la descendance dimi-nue.

Cependant, si l'hybrideur choisit les parents dans des lignées pures en opérant une hybridation, la première génération F_1 apparaît beaucoup plus vigoureuse que les parents : c'est ce qu'on appelle la « *vigueur hybride* » ou *hétérosis* mais la deuxième génération F_2 (et les suivantes encore plus) ne garde pas ces particu-larités.

Conclusion. Le phénomène d'hétérosis n'apparaît que pour les F_1 (❀).

5
_____

Les mutations et les somations

Il s'agit d'abord de différencier ces deux termes de changement des caractères.

a) Lorsque ce changement intéresse l'embryon, c'est-à-dire qu'il apparaît après fécondation, il se retrouve dans la descendance puisque fixée sur les chromosomes ; c'est une *mutation germinale*.

b) Lorsque le changement n'intéresse qu'une partie végétative de la plante, il n'affecte pas l'embryon : c'est une *mutation gemmaire* qui porte aussi les noms de sport, mutation somatique ou *somation*.

c) Dans tous les cas, les mutations et somations n'inté-ressent que des sujets isolés et apparaissent sans raison apparente.

51   *Mutation germinale*

Il y a un changement brusque dans les formes du végé-tal, changement qui se répercutera sur la descendance.

Mais attention : il ne faut pas confondre mutation, c'est-à-dire apparition pour la première fois de ce nouveau caractère héréditaire, et première constatation d'un génotype non apparu caché par un phénotype remarquable.

511 Elle peut être due à une altération d'un gène

Si elle est dominante, elle est visible.
Si elle est récessive, elle ne se voit pas : beaucoup de mutations intéressantes ont dû ainsi... ne jamais être exploitées.

❀

Intérêt pour l'horticulteur de posséder des variétés tétraploïdes : fruits, fleurs, feuilles... plus gros mais difficulté de croisement des variétés triploïdes (nombre impair de chromosomes).
D'où recherche par les sélectionneurs de procédés provoquant des mutations germinales :
- déclenchement d'altération par rayons X, et maintenant, radioactifs,
- apparition de polyploïdie par le froid mais surtout par la colchicine.
C'est le cas de nombreux végétaux qui sont mis à la disposition des horticulteurs : muflier *(Antirrhinum majus)*, gaillarde *(Gaillardia grandiflora)*, nemesia *(Nemesia strumosa)*, reine-marguerite *(Callistephus chinensis)*, phlox *(Phlox drummondii)*, salsifis *(Tragopogon porrifolius)*, etc.

❀ ❀

Certaines somations peuvent être intéressantes pour l'horticulture et la seule façon de fixer les nouveaux caractères est d'utiliser la multiplication végétative.
Cas du chrysanthème (nombreux sports).
Cas des brugnons lisses apparus sur pêcher à fruits duveteux, de la pomme de terre, du dahlia, du lis...
Comme toutes les descendances d'individus ainsi sélectionnés et multipliés par voie végétative nous aurons alors un *clone*.
Le clone est issu d'un pied-mère.

---

512 Elle peut être due à une modification du nombre de chromosomes du noyau : mutation chromosomique, c'est la polyploïdie.

Le plus souvent les végétaux sont diploïdes, c'est-à-dire possèdent des noyaux à $2n$ chromosomes.
En cas de mutation chromosomique les noyaux deviennent triploïdes, $3n$ chromosomes ; tétraploïdes, $4n$ chromosomes ; etc.
Si le noyau est triploïde, les chromosomes sont en chiffres impairs, d'où une très grande stérilité des individus. Dans ce cas, une seule multiplication reste possible : la multiplication asexuée.
Si le noyau est tétraploïde, il est très volumineux, la cellule est alors plus grande et le végétal est atteint de gigantisme (❀).

52 Somation ou sport

521 Définition

Les organes reproducteurs n'interviennent pas.
Il n'y a changement brusque qu'an niveau des bourgeons et l'on comprend que ces nouveaux caractères ne soient pas fixés sur les chromosomes des noyaux.
Les somations ne sont donc pas héréditaires (❀ ❀).
Les somations apparaissent souvent sous l'effet du milieu.

522 Les chimères

Le rameau multiplié est à double tissu ; il possède à la fois les caractères des parents et ceux qui ont subi la somation : c'est une chimère.

On donne le nom de :

Chimère périclinale à celle qui possède ces caractères tout autour du rameau : dahlia, coleus.

Chimère sectoriale à celle qui n'est intéressée que sur une bande de végétal : Sansevieria.

Si la chimère vient d'une somation consécutive à un greffage, on peut voir apparaître très exceptionnellement un nouveau végétal ou portion de végétal appelé l'*hybride de greffe*. La partie intéressée possède alors deux tissus originaux : celui du porte-greffe et celui du greffon.

Comme toute somation, cet hybride de greffe ne peut en aucun cas, se multiplier par voie sexuée.

6

La sélection

Nous ne parlerons pas de la sélection naturelle qui se déroule pour les végétaux comme pour tout être vivant... où, dans la nature, seul, le plus armé survit.

L'homme a entrepris depuis longtemps une sélection artificielle.

Elle peut avoir lieu soit à partir d'une population déjà existante, sans création : c'est une *sélection conservatrice*, soit à partir de populations nouvelles : c'est une *sélection créatrice*, à partir de mutations, somations ou hybridations.

L'étude des lois de Mendel, nous a appris que suite à une hybridation,

- les combinaisons nouvelles étaient multiples,
- les « nouveautés » n'étaient pas toujours visibles immédiatement.

Il faut donc au sélectionneur : de la patience, de l'organisation, de la non-dispersion, beaucoup d'esprit d'observation.

Plusieurs techniques sont à sa disposition :

61   *Sélection mécanique*

Le triage et le calibrage des graines est une sélection mécanique indispensable qui augmentera les rendements cuturaux.

Appliquant les principes de la sélection naturelle, le sélectionneur ne conserve que les graines entières, les plus grosses, les plus lourdes, etc. (❀)

62 Sélection massale ou phénotypique

Comme son nom l'indique, cette sélection phénotypique ne tient compte que du « phénotype » de la variété sélectionnée.

Il s'agit donc dans une population donnée :
- d'éliminer les individus ne donnant pas satisfaction : mauvaise végétation, mauvaise floraison, mauvaise fructification etc.
- et de ne conserver que la « masse » la plus en rapport avec les buts recherchés pour assurer la génération suivante.

Elle peut se faire sur une année ou mieux sur plusieurs années successives.

Notons que la fécondation est un point délicat afin d'assurer une continuité à l'expérience. Si elle ne pose pas de problèmes pour les plantes autogames qui s'autofécondent, il n'en est pas de même pour les plantes allogames qu'il faut protéger dans leur fécondation croisée : cultures isolées par exemple.

La sélection massale s'applique aussi aux plantes à multiplication végétative. (❀)

❀
Sélection massale ou généalogique :
- **des plantes anémophiles :** betterave (Beta vulagris) ;
- **des plantes entomophiles :** chou *(Brassica oleracea)*, navet *(Brassica napus)* ;
- **des plantes à multiplication végétative :** pomme de terre *(Solanum tuberosum)*, rosier *(Rosa canina)*, plantes vivaces...

63 Sélection généalogique ou sur pédigree

Il s'agit, à l'opposé de la sélection massale, qui élimine les sujets non satisfaisants,
- d'extraire d'une population quelques individus considérés comme les meilleurs du lot à sélectionner,
- de les multiplier séparément à partir de cette « tête de famille »,
- de comparer leur descendance en éliminant les lignées indésirables.

La sélection généalogique permet entre autres, d'isoler une mutation ou une somation dans une population homozygote, de dégager la « nouvelle variété » d'une population hétérozygote.

La comparaison des lignées obtenues ne peut être valable que dans la mesure où la multiplication se fait avec un minimum de précaution :
- soins à la fécondation (surtout croisée)
- culture en terre de qualité moyenne dans des conditions techniques identiques. (❀ ❀)

❀ ❀
Sélection mettant à la disposition des horticulteurs :
- **des haricots** *(Phaseolus vulgaris)* sans anthracnose,
- **des mufliers** *(Antirrhinum majus)* sans rouille,
- **des reines-marguerites** *(Collistephus chinensis)* sans fusariose,
- **des pommes de terre** *(Solanum tuberosum)*, des fraisiers *(Fragaria)*, sans maladies à virus,
- etc.

64   Sélection sanitaire

C'est une sélection soit conservatrice, soit créatrice, utilisant les techniques de la sélection massale ou généalogique et permettant : soit de mettre à la disposition
des horticulteurs des végétaux sains et exempts de
maladies ; soit de découvrir des cultivars résistants.

Chapitre 8
Systématique

1

La classification des végétaux

11   Terminologie

111   La systématique est l'étude de la classification des végétaux

Le premier botaniste qui se pencha sur ce problème fut Linné au XVIIIe siècle.
Qui dit classification, dit compartimentage.
Et pour chaque compartiment : il faut une étiquette.
C'est ainsi que des termes précis sont utilisés.
Et qui plus est, ces termes ont été « codifiés ».

112   La classification systématique

a) Des plantes (ou individus) ayant des caractères externes ou internes semblables et capables de se multiplier entre eux par croisement pour donner des descendants féconds sont réunies dans la même *espèce*.
C'est le cas de la tomate *(Solanum Lycopersicum)* que nous consommons.
Précisons encore plus.

b) Parfois dans la même espèce, des différences (de forme, de port, de couleur de fleurs...) peuvent être constatées et les individus intéressés peuvent être multipliés.
C'est une *variété*, terme utilisé pour les plantes sauvages. Mais si la variété est commercialisée, on lui préférera le terme de *cultivar*.
Cas de la tomate Marmande, Fournaise.

Mais de l'espèce, essayons de regrouper les végétaux toujours à partir de notre tomate *(Solanum Lycopersicum).*

c) Plusieurs espèces voisines se ressemblant le plus et possédant le plus grand nombre de caractères communs forment un *genre*.

Cas des *Solanum* groupant les S. *lycopersicum* (tomate), les S. *tuberosum* (pomme de terre), les S. *pseudocapsicum* (pommier d'amour), etc.

d) Une famille comprend un ensemble de genres voisins qui ont le plus grand nombre de caractères communs.

C'est le cas de la famille des Solanacées groupant les genres *Solanum, Nicotiana* (tabac)...

Parfois des familles importantes nécessitent une classification intermédiaire : la sous-famille.

Notons que le nom des familles se termine le plus souvent par « acées » : opiacées, oléacées, et celui des sous-familles par « oïdées » : mimosoïdées, papilionoïdées...

e) Une collection de familles, qui se ressemblent le plus, forme un *ordre* et le nom se termine le plus souvent par « ales ».

Cas des Solanacées se trouvant dans l'ordre des tubuliflorales.

f) Une réunion d'ordres, possédant en commun un certain nombre de caractères forme une *classe*

Cas de la classe des dicotylédones qui groupe : les tubuliflorales, les fagales, les rosales... (voir tableau p. 198 et 199).

g) Plusieurs classes nettement apparentées forment un *embranchement*.

Cas des phanérogames, groupant les dicotylédones et les monocotylédones.

Cependant, des sous-embranchements peuvent être nécessaires. Nous rencontrerons ainsi dans l'embranchement des phanérogames, les gymnospermes et les angiospermes.

113 La nomenclature

En Botanique, la définition d'un végétal se fait toujours *en latin* : langue universelle, et *en nomenclature binôme* : le premier nom avec une majuscule (nom du genre), le deuxième avec une minuscule (nom de l'espèce, dit nom spécifique), suivis de l'indicatif de l'auteur du nom (pour Linné : L).

Par décision du Congrés International de Botanique de Montréal de 1959, ce nom d'espèce peut exceptionnellement s'écrire avec une majuscule s'il dérive d'un nom propre : nom de personne, de lieu ou de plante. Nous avons appliqué, dans cet ouvrage, cette tolérance couramment admise par les auteurs français.

Selon les cas, le végétal peut être désigné plus précisément par son nom de variété, voire de cultivar, ajoutés au binôme genre/espèce.

Les noms de variétés s'écrivent avec une minuscule ou une majuscule suivant les règles admises pour l'écriture des noms d'espèces.

Les noms de cultivars sont toujours placés entre guillemets et s'écrivent avec une majuscule.

12 Classification générale

Sur quoi reposent les critères de classification des végétaux dans les divers compartimentages ?

a) Pour les embranchements : *sur la présence ou non de fleurs,*

b) Pour les sous-embranchements :
- cas des plantes sans fleur : *sur l'aspect de l'appareil végétatif,*
- cas des plantes à fleurs : *sur l'aspect de l'ovule.*

c) Pour les classes des plantes à fleurs : *sur la structure de l'embryon.*

d) Pour les ordres et familles des plantes à fleurs : *sur les caractères de la fleur.*

13 Parlons maintenant, dans un esprit systématique, des caractères de la fleur

Nous avons étudié en morphologie florale, ses divers organes et vu que nous pouvions distinguer :
- les sépales,
- les pétales,
- les étamines,
- et les carpelles.

Ces organes peuvent être disposés en verticilles (cercles concentriques) ou en spirales.

Il s'agit pour nous, de fixer par le croquis ce que nous avons examiné.

Nous pourrons avoir recours soit au diagramme, soit à la coupe.

131   Le diagramme est une représentation graphique des pièces florales vues dans une coupe transversale.

Nous apercevrons donc de l'extérieur vers l'intérieur :
- la ou les bractées s'il y a lieu,
- le calice,
- la corolle,
- l'androcée,
- le pistil.

Nous noterons avec précision la disposition exacte de pièces florales, les unes par rapport aux autres :
- sont-elles soudées ou libres ?
- se recouvrent-elles ?
- comment se situe un verticille par rapport à l'autre ?

Nous compléterons utilement le diagramme par la formule florale qui consiste à transcrire ce que l'on aura compté.

Par exemple :
- nombre de sépales : 3 S,
- nombre de pétales : 3 P,
- nombre d'étamines : 6 E,
- nombre de carpelles : 3 C.

Lorsque les étamines ou les carpelles sont nombreux et non en nombre fixe, nous le noterons : indéfini = ∞

Si les organes sont soudés, nous pourrons :
- soit faire suivre l'indicatif d'un petit « s »,
- soit mettre le terme entre parenthèses

3 C *s* ou 3 (C)

132   *La coupe* est la représentation graphique d'une fleur selon une coupe verticale, laissant apercevoir la position en élévation des verticilles les uns par rapport aux autres. Conventionnellement les sépales seront hachurés et les pétales noircis.

133   D'autres représentations graphiques peuvent être souhaitables :
- coupe d'un fruit,
- coupe d'un ovaire etc.

14   Classement de l'herbier

Les règles principales que nous venons de voir, l'étude
systématique des végétaux que nous allons entre-
prendre, vont nous permettre de commencer le classement de notre herbier :
Famille par famille, genre par genre.
Il nous suffira pour cela de procéder par ordre et de
suivre dans un premier temps, les tableaux de détermination ci-après.

Embranchements	Sous-embranchements	Classes
	Thallophytes : Ni racine, ni tige, ni feuille	*Bactéries* *Champignons* *Algues* *Lichens*
Cryptogames Plantes sans fleurs	*Muscinées ou Bryophytes :* Tige et feuille seulement	*Hépatiques* *Mousses*
	Ptéridophytes : ou Cryptogames vasculaires : Racine, tige et feuille	*Filicinées* *Equisitinées* *Lycopodinées*
Phanérogames Plantes à fleurs	*Gymnospermes :* Ovules nus portés par des écailles particulières d'où graines non abritées dans un fruit	*Natrices* (pas de tube pollinique) *Vectrices* (un tube pollinique)
	Angiospermes : Ovules enfermés dans un ovaire d'où graines à l'intérieur d'un fruit	*Monocotylédones* graines à un seul cotylédon *Dicotylédones* graines à deux cotylédons

2

Les thallophytes

Ce sous-embranchement comprend plusieurs classes que l'on peut distinguer de la façon suivante :

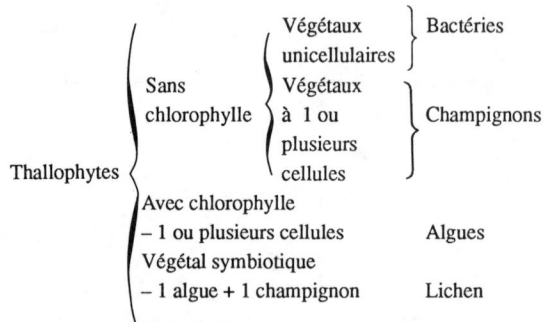

Thallophytes
- Sans chlorophylle
  - Végétaux unicellulaires ⟩ Bactéries
  - Végétaux à 1 ou plusieurs cellules ⟩ Champignons
- Avec chlorophylle
  – 1 ou plusieurs cellules   Algues
- Végétal symbiotique
  – 1 algue + 1 champignon   Lichen

Nous n'étudierons, évidemment, que les Thallophytes présentant un intérêt agricole.

21   Les bactéries

Ce sont des organismes microscopiques de 1/100 à 1/ 1000 de m/m.
Les bactéries sont de formes variables : rondes, en bâtonnets, en spirales.

Elles se reproduisent :
- soit par division : multiplication rapide s'effectuant en milieu favorable ;
- soit par spores : en conditions favorables, c'est une forme de vie ralentie.

Elles peuvent dégager de la chaleur (✸).
Les bactéries peuvent vivre en présence d'oxygène (d'air) ou sans oxygène.
Elles se nomment alors : Bactéries aérobies ou Bactéries anaérobies.
Parmi elles, certaines remplissent un rôle primordial dans le processus du cycle de l'azote dans le sol.
Le *Micrococcus urae* transforme l'urée en carbonate d'ammonium.
Le *Micrococcus nitrifians* à partir de l'ammoniaque, donne de l'acide nitreux.

✸
Bactéries thermogènes permettant à partir de la matière organique de « monter des couches chaudes » (voir cours d'horticulture générale).

22 Les champignons

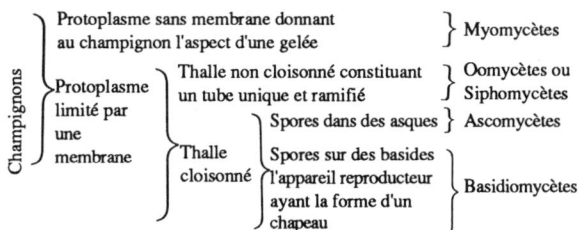

```
Champignons
    ⎰ Protoplasme sans membrane donnant          ⎱ Myomycètes
    ⎱ au champignon l'aspect d'une gelée          ⎰

    ⎰ Protoplasme    ⎰ Thalle non cloisonné constituant    ⎱ Oomycètes ou
      limité par       un tube unique et ramifié           ⎰ Siphomycètes
      une                       ⎰ Spores dans des asques    ⎱ Ascomycètes
      membrane ⎱ Thalle        ⎰ Spores sur des basides
                 cloisonné ⎰ l'appareil reproducteur        ⎱ Basidiomycètes
                              ayant la forme d'un
                              chapeau
```

❀

Nous laisserons le soin au cours de parasitologie de traiter ce chapitre important en horticulture, en nous bornant à citer quelques exemples types pour chaque groupe.

Cette classification repose d'abord sur des critères anatomiques, ensuite sur le mode de reproduction (❀).
Nous rencontrerons dans :

1) Les Myxomycètes : le *Plasmodophora brassicae* (hernie du chou). Reproduction par sporanges contenant des spores.

2) Les Siphomycètes : le *Phytophtora infestans* (Mildiou de la pomme de terre).
Reproduction par spores contenus dans des conidies (en cours de végétation) et aussi par œufs (pour la conservation de l'espèce en hiver).
Ce dernier procédé est une multiplication sexuée.
Cet ordre comprend principalement :
- les mucorinées réunissant les moisissures ;
- et les péronosporées : groupant les mildious, les rouilles blanches.

3) Les Ascomycètes groupent :
- les discomycètes : morilles, levure (fabrication de la bière, du vin...) ;
- les périsporiacées : *Penicillium* (pénicilline), *Aspergillus* (pour la fabrication du roquefort), truffe, oïdium du pêcher ;
- les pyrénomycètes : ergot du seigle.

L'intérêt des levures est bien connu dans les industries de la fabrication de la bière, du cidre, dans la vinification.
Celui de certains périsporiacées est essentiel pour la fabrication d'antibiotiques.

❀ ❀

Ce dernier groupe de champignons comprend le plus d'espèces comestibles soit en végétation naturelle, soit en culture commerciale.

4) Les Basidiomycètes (❀ ❀). Nous rencontrerons principalement les familles :
- des agaricinées : champignon de couche, chanterelle, amanite ;
- des polyporées : polypore (sur tronc d'arbre), bolet et cèpe ;
- des lycopodinées : vesse de loup.

23   *Les algues*

Ces végétaux vivent principalement dans les lieux
humides ou dans l'eau (douce ou de mer) et sont classés d'après la couleur du pigment surnuméraire qui
accompagne la chlorophylle.
C'est ainsi que nous pouvons établir le tableau suivant :

Ne contenant que de la chlorophylle		*Chlorophycées* : algues vertes
Contenant des pigments colorants modifiant la couleur verte de la chlorophylle	Pigment jaune, brun, cellules reproductrices avec cils	*Phéophycées* : algues brunes
	Pigment rouge, pas de cellules avec cils.	*Phodophycées* : algues rouges
	Pigment bleu	*Cyanophycées* : algues bleues

24   *Les lichens*

Certains, comme la Parmélie des Murailles, possèdent
un aspect feuillé.
D'autres sont branchus.
Enfin, quelques-uns sont de consistance molle.
Ils sont tous doués d'une très grande vitalité et possèdent une énorme résistance aux conditions de vie difficile.

3

Les muscinées ou bryophytes

Ce sous-embranchement comprend deux classes :
- les mousses,
- les hépatiques.

La classe des hépatiques est un intermédiaire entre le sous-embranchement des thallophytes et la classe des mousses proprement dites.
Le mode de multiplication est très voisin entre les deux classes.
Ces végétaux ne présentent pas un grand intérêt horticole.

4

Les ptéridophytes

Nous savons que ces cryptogames possèdent : racine, tige et feuille.
L'aspect de la tige a permis un classement des Ptéridophytes.

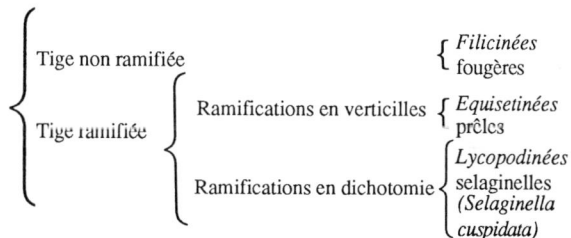

Tige non ramifiée — *Filicinées* fougères

Tige ramifiée — Ramifications en verticilles — *Equisetinées* prêles

Ramifications en dichotomie — *Lycopodinées* selaginelles *(Selaginella cuspidata)*

41   Les filicinées : les fougères

❀
_____

De nombreuses espèces sont cultivées par les horticulteurs : *Adiantum, Aspidium, Nephrolepis, Platycerium, Polypodium, Pteris*, etc. toutes possédant des applications différentes : feuillage coupé, potées, coupes décoratives, jardin d'hiver...

Cette famille au nombre d'espèces important (plusieurs milliers) est caractérisée par :
- des racines nombreuses et fines,
- une tige souterraine (rhizome) donc, espèces vivaces,
- des feuilles en crosse lorsqu'elles sont jeunes se développant en « fronde » par la suite.

Ces frondes sont plus ou moins développées (plusieurs mètres) et souvent très découpées.
Dans les pays tropicaux, des fougères possèdent parfois des « troncs » et ressemblent à des palmiers ; ces troncs laissent voir les anciens points d'attache des frondes tombées.
En général, les fougères vivent dans des lieux humides à l'abri du soleil.
Elles peuvent vivre en « épiphytes ». (❀)

42   Les équisétinées : Les prêles

Les prêles sont, par excellence, les plantes types des marais et sols humides.
Leur intérêt horticole se limite à cette reconnaissance du milieu à partir de sa flore.

43   Les lycopodinées : Les sélaginelles

Seule, la sélaginelle, présente un intérêt horticole pour les floriculteurs par la culture d'une de ses espèces plus ou moins argentée (voir sa description en morphologie).

5

Les gymnospermes

Rappelons-nous la définition de ce premier sous-embranchement de Phanérogames :

« Plantes à fleurs, possédant des ovules nus, portés par des écailles non fermées, les graines de ce fait n'étant pas contenues dans un fruit ».

La présence ou l'absence de tube pollinique lors de la fécondation permet d'établir un début de classification.

Pas de tube pollinique, natrices : *Cycadacées, Ginkgoacées*

Présence d'un tube pollinique, vectrices : *Conifères*.

L'ordre le plus important en horticulture est celui des conifères.

❀

Cet ordre comprend de nombreuses espèces cultivées en pépinière ornementale.

■ *Les abiétacées*, inflorescences en cône.

Abies : Sapin : aux cônes « s'effeuillant » d'où pas de cône sec sous l'arbre.

Cedrus : Cèdre : aiguilles réunies en bouquets.

Picea : Epicéa : cône persistant en une seule pièce et restant assez longtemps, pendant, sur la branche.

Pinus : Pin : aiguilles insérées par 2, 3, 4, 5.

Araucaria : feuilles imbriquées.

Larix : *Mélèze :* conifère à feuille caduque.

■ *Les Cupressacées*, cône sphérique : strobile.

Cupressus, Chamaecyparis, (Cyprès) : cône petit.

Juniperus, (Genévrier) cône aux écailles charnues en forme de baie.

Thuya.

■ *Les taxacées* (Taxus)

If : conifère sans cône aux fleurs femelles isolées donnant des fruits en forme de coupe ou « arille ».

De nombreuses variétés panachées ou rampantes existent dans beaucoup de ces espèces.

51   Les conifères (❀)

La tige conique s'épaissit tous les ans. Son bois contient des canaux sécréteurs de résine et ceux-ci se développent jusque dans les feuilles.

Ces dernières, persistant plusieurs années, sont plutôt étroites, parfois en forme d'aiguilles (pin, *Pinus sylvestris*) et même en forme d'écailles (Thuya du Canada, *Thuya occidentalis*). Au printemps, de nouvelles feuilles apparaissent : l'arbre reste toujours vert.

52   Les Cycadacées et les Ginkoacées

Ces deux groupes, très proches des Conifères, n'ont qu'un intérêt limité pour l'horticulture.

Les Cycadacées, aux tiges non ramifiées, ressemblent à des palmiers.

6

Les angiospermes

Les Angiospermes sont des plantes à fleurs possédant des ovules enfermés dans un ovaire et de ce fait les graines sont contenues dans un fruit.

Ce sous-embranchement est indiscutablement le plus important pour l'horticulture, tant du point de vue quantitatif (nombre d'espèces) que qualitatif (importance commerciale).

C'est peut-être ce qui explique les complications du classement avec :

Classe	Di- ou Monocotylédones
Sous-classe	Gamo-, A-, ou Dialypétales
Ordres	Très nombreux
Familles	Encore plus nombreuses.

Le tableau sommaire de la page 198 et 199 fait apparaître certaines de ces familles, classées les unes par rapport aux autres. Il est inutile de préciser que ce tableau ne représente qu'un très faible aperçu de l'ensemble des familles végétales des Angiospermes.

Notons qu'il est inspiré, en partie, de la classification d'Engler reprise par Guillaumin dans le « Bon Jardinier » 152e édition.

Notre but, sera de traiter à titre d'exemple, certaines de ces familles pour nous familiariser avec l'analyse systématique d'une d'entre elles et volontairement nous nous limiterons à quatorze exemples.

Chaque étude comprendra :

- Les caractéristiques végétatives de la famille.
- L'analyse de la fleur.
- Le diagramme et la formule florale.
- L'intérêt horticole de cette famille.

Le tout à partir d'un exemple type de la famille

61   Les dicotylédones

Cette classe groupe des végétaux possédant :

■ *morphologiquement :*
- deux cotylédons dans leurs graines,
- des pièces florales au nombre de quatre ou cinq ou par multiple de quatre ou cinq,
- un calice non pétaloïde,
- des feuilles aux nervures ramifiées.

■ *anatomiquement* : des formations secondaires.
Cependant, n'oublions pas qu'en systématique, comme ailleurs, l'exception confirme la règle.

611 Les dicotylédones dialypétales

Les fleurs de ce groupe possèdent toutes les pétales libres entre eux.

6111 Renonculacées

Type : renoncule ou bouton d'or *(Ranunculus asiaticus)*

Caractères généraux
La plupart des Renonculacées sont des herbes, quelquefois des arbrisseaux grimpants comme les clématites.
Les feuilles sont alternes, engaînant la tige.
La fleur est symétrique par rapport à l'axe du pédoncule (la fleur est dite régulière) et présente :
- cinq sépales verts, distincts les uns des autres,
- cinq pétales jaune d'or,
- le nombre des étamines est variable ; elles sont externes ou latérales, et libres,
- le pistil est formé d'un grand nombre de carpelles à placentation axile,
- formule florale : 5 S, 5 P, ∞ E, ∞ C,
- le fruit est une réunion d'akènes,
- la renoncule et la clématite à plusieurs carpelles ont un fruit appelé polyakène (chaque carpelle est un akène),
- l'ancolie a cinq carpelles contenant chacun de nombreux ovules ; chaque carpelle donne un follicule (❀).

❀

■ *Carpelles nombreux à un seul ovule.*
a) Pas de corolle.
clématite *(Clematis montana)*, anémone *(Anemone coronaria)*.
b) Avec corolle.
renoncule *(Ranunculus asiaticus)*, adonide *(Adonis verdalis)*.

■ *Carpelles peu nombreux à plusieurs ovules.*
a) A anthères extrorses (fente tournée vers l'extérieur).
aconit *(Aconitum napellus)*, ancolie *(Aquilegia caerulea)*, pied d'alouette *(Delphinium ajacis)*, hellébore *(Helleborus abschasecus)*.
b) A anthères latérales.
pivoine *(paceonia lactiflora)*.
Beaucoup de plantes sont ornementales, entre autres les espèces à étamines nombreuses donnant de belles fleurs doubles (pivoine etc.) par transformation des étamines en pétales.

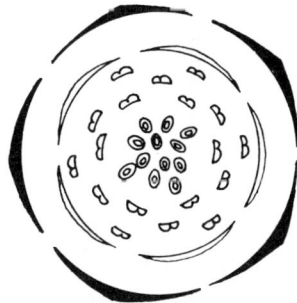

Diagramme de la fleur de la renoncule

Classe	Sous-classe		Ordre	Famille
Dicotylédones	Dialypétales	Ovaire libre — Etamines libres — Placentation axile	Ranales	*Renonculacées* / Nymphéacées
			Géraniales	*Euphorbiacées*
			Sapindales	Buxacées, Hippocastanacées, Celastracées
		Ovaire libre — Etamines libres — Placentation pariétale	Rhoéales	*Crucifères* / Papaveracées
		Ovaire libre — Etamines soudées au moins à la base	Rosales	*Légumineuses* / Rosacées / Crassulacées
		Ovaire adhérent	Ombellales	*Ombellifères* / Araliacées
			Opuntiales	Cactacées
	Apétales	Ovaire libre — Fleurs unisexuées	Urticales	Urticacées
		Ovaire libre — Fleurs hermaphrodites	Polygonales	Polygonacées
		Ovaire adhérent	Fagales	Cupulifères
	Gramopétales	Ovaire libre — Pistil non à 2 carpelles	Primulales	Primulacées
			Tubuliflorales	*Solanacées* / Convolvulacées / *Labiacées* / Borraginacées / Acanthacées / Scrophylariacées / Oléacées
		Ovaire libre — Pistil à 2 Carpelles	Contortées	
		Ovaire adhérent	Campanales	*Composées* / Campanulacées
			Cucurbitales	Cucurbitacées
			Rubiales	Rubiacées / Caprifoliacées

Classe	Sous-classe		Ordre	Famille
Mono Cotylédones		Fleurs régulières périanthées { Graine à albumen charnu	Liliflores	*Liliacées* Iridacées Amaryllidacées
		Graine à albumen farineux	Farinales	Broméliacées
		Fleurs irrégulières	Microspermées	*Orchidacées*
		Fleurs jeunes entourées de bractées	Principes	*Palmiers*
		Fleurs apérianthées	Glumiflores	*Graminées* Cyperacées

Les familles dont le nom est imprimé en italique, seront seules, traitées dans ce livre.

✿ ─────────────────

La famille comprend des plantes monoïques et dioïques :
- Euphorbe (Euphorbia pulcherrima).
- Hevea (Hevea brasiliensis).
- Coton (Codiaeum variegatum).

6112 Euphorbiacées

Cette famille est très hétérogène, la fleur pouvant posséder soit calice et corolle, soit calice seulement ou être apérianthée.
Type : ricin *(Ricinus communis).*

Caractères généraux
Feuilles alternes, simples.
L'appareil végétatif est traversé par des vaisseaux laticifères qui contiennent un liquide blanc noircissant au contact de l'air.
Les fleurs unisexuées sont régulières, groupées en grappes de cymes (les cymes inférieures sont formées de fleurs mâles, les cymes supérieures de fleurs femelles).
- Les fleurs mâles comprennent cinq sépales libres entre eux et aucun pétale. Les étamines sont très ramifiées.
- Les fleurs femelles comprennent trois sépales libres ; l'ovaire est à trois carpelles.

Formule florale : 5 S, O P, ∞ E et 3 S, O P, 3 C s.
Les fruits sont des capsules contenant des graines volumineuses à albumen oléagineux. (✿)

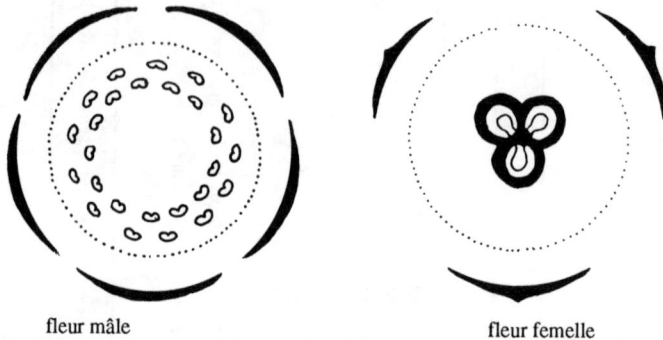

fleur mâle   fleur femelle

Diagrammes du ricin

6113 Crucifères

Famille très homogène, l'étude d'une seule plante permet l'étude de l'organisation de toute sa famille.
Les plantes de la famille sont herbacées.
Type : giroflée *(Cheiranthus Cheiri).*

Caractères généraux
Les Cheiranthus sont des plantes annuelles.
Racines à deux faisceaux libéro-ligneux et à quatre rangées de radicelles.

Les racines sont pivotantes.

Les feuilles sont alternes sans gaine ni stipule.

Les fleurs en grappes simples ont des enveloppes à peu près régulières :

- quatre sépales violacés, libres et légèrement inégaux,
- quatre pétales égaux et libres entre eux, en croix (d'où le nom de la famille),
- les étamines sont au nombre de six, inégales en deux verticilles ; quatre sont longues et forment un verticille ; les deux autres, fixées un peu plus bas, plus courtes constituent le deuxième verticille,
- le pistil, deux carpelles à placentation pariétale,
- formule florale : 4 S, 4 P, 6 E (dont 2), 2 C.

Le fruit est une silique ; s'il était moins de trois fois plus long que large, il s'appellerait silicule (Bourse à Pasteur).

Le fruit du *Raphanus sativus*, Radis, est composé de renflements successifs. (❀ ❀)

❀ ❀

Quelques exemples alimentaires : chou *(Brassica oleracea)*, moutarde *(Sinapis nigra)*, colza, cresson *(Nasturtium officinale)*, radis *(Raphanus sativus)*. Exemples ornementaux : giroflée *(Cheiranthis Cheiri)*, monnaie du Pape *(Lunaria biennis)*, corbeille d'or *(Alyssum saxatile)*, corbeille d'argent *(Iberis sempervirens)*.

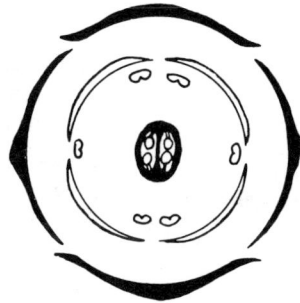

Diagramme de la fleur de la giroflée

6114 Légumineuses

C'est une des familles les plus importantes, assez hétérogène.

Type : le pois *(Pisum sativum)*.

a) Caractères généraux

Plante herbacée.

Les feuilles sont composées et alternes, certaines transformées en vrilles.

Les fleurs sont à symétrie bilatérale et comprennent :

- cinq sépales soudés,
- cinq pétales inégaux fixés à la base des sépales, différenciés en un étendard, deux ailes, deux carènes,
- dix étamines, dont neuf soudées à la base par leur filet et une libre,

- un pistil libre à un carpelle,
- formule florale (5 S), 5 P, 10 E (dont 9 E s), 1 C.

Le fruit est une gousse ou légume d'où le nom de la famille.

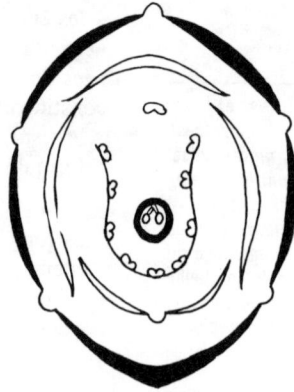

Diagramme de la fleur du pois

b) Classification botanique

Trois grandes sous-familles, dues à la diversité des types de la même famille, sont distinctes :

■ *Corolle papilionacée* : exemple : le pois *(Pisum sativum)*.
Sous-famille des Papilionoïdées.

■ *Corolle irrégulière*, mais non papilionacée. Exemple : arbre de Judée *(Cercis siliquastrum)*.
Sous-famille des Césalpinoïdées.
Fleurs à sépales soudés, l'étendard est recouvert par les ailes, la carène non soudée et recouvrant les ailes.
Le fruit est une gousse.

■ *Corolle régulière* : sensitive *(Mimosa pudica)*.
Sous-famille des *Mimosoïdées*.
Fleurs régulières à quatre sépales, quatre pétales et quatre étamines. (❀)

6115 Rosacées

C'est une famille très hétérogène par les différences de structure florale et d'aspect morphologique.
Type : le fraisier *(Fragaria vesca)*.

Caractères généraux
Plante herbacées.
Fleur régulière comportant : cinq sépales verts, cinq pétales blancs insérés sur la base des sépales.

❀

Les sous-familles des *mimosoï-dées* avec le mimosa *(Acacia dealbata)*, des césalpinoïdées avec l'arbre de Judée *(Cercis siliquastrum)*, le Gleditschia tri-acanthos groupent des plantes ornementales.
La sous-famille des papilio-noïdées réunit à la fois :

■ des plantes ornementales :
Genêt *(Genista scoparia)*,
Cytise *(Cytisus laburnum)*,
Lupin *(Lupinus polyphyllus)*,
Robinier *(Robinia pseudo aca-cia)*,
Sophora *(Sophora japonica)*,
Glycine *(Wistaria sinensis)*, etc.

■ des plantes fourragères à usage agricole :
Lotier *(Lotus)*,
Trèfle *(Trifolium)*,
Luzerne *(Medicago)*,
Vesce *(Vicia)*,
Sainfoin *(Onobrychis)*, etc.

■ des plantes alimentaires :
Haricot *(Phaseolus vulgaris)*,
Soja *(Soja hispida)*,
Pois *(Pisum sativum)*,
Lentille *(Ervum lens)*,
Fève *(Faba vulgaris)*, etc.

- Etamines nombreuses aussi insérées sur la base des sépales, libres entre elles.
- Nombreux carpelles indépendants.
- Formule florale : 5 S, 5 P, ∞ E, ∞ C, avec cinq petits sépales supplémentaires formant calicule.

Les fruits sont des akènes disposés sur le réceptacle charnu. (✽)

Diagramme de la fleur du fraisier

✽

Elles reposent sur l'aspect des fruits et la caractéristique des carpelles. Les principales tribus peuvent se classer de la façon suivante :

Carpelles non adhérents au calice	Les fruits sont des akènes	Le fruit est une drupe	**Amygdalées** Amandier Prunier Pêcher Abricotier Cerisier	(1 seule carpelle) : Amygdalus vulgaris Prunus domestica Amygdalus persica Prunus armeniaca Prunus avium, etc.
		Le fruit est un follicule	**Spirées** Spirée Kerria	(5 carpelles seulement) : Spiraea Kerria japonica, etc.
		Sur un réceptacle saillant	**Fragariées** Fraisier Potentille Framboisier	Fragaria vesca Potentilla Rubus idaeus, etc.
		Sur un réceptacle concave	**Rosées** Rosier	Rosa, etc.
Carpelles adhérents au calice			**Pomacées** Poirier Pommier Sorbier Aubépine Cotoneaster Cognassier	Pyrus communis Malus communis Sorbus aucuparia Crataegus oxyacantha Cotoneaster franchetii Cydonia japonica

L'importance ornementale et surtout fruitière de cette famille est essentielle en Horticulture.

6116 Ombellifères

Famille très homogène.
Type : la carotte *(Daucus carota).*

Caractères généraux.
Plante herbacée.
Les tiges sont creuses et dressées.
Les feuilles sont alternes, formant à leur base de larges gaines embrassant la tige ; elles sont très découpées.
Les fleurs de la carotte sont petites et de couleur blanche ; elles sont groupées en ombelles composées ; chaque ombelle simple porte à sa base une série de bractées formant une involucelle et l'ombelle composée porte, elle, une involucre.
Chaque fleur comprend :
- cinq sépales très réduits, soudés à l'ovaire de dimensions irrégulières,
- cinq pétales repliés à leur pointe,
- cinq étamines,
- l'ovaire est constitué par deux carpelles et surmonté de deux styles,
- formule florale : 5 S – 5 P – 5 E – 2 C.

Le fruit est un diakène parcouru par des canaux sécréteurs et se séparant à maturité. (✸)

■ Racines tubéreuses alimentaires : carotte *(Daucus carota),* panais *(Pastinaca sativa).*

■ Feuilles alimentaires : céleri *(Apium graveolens).*

■ Les autres plantes sont aromatiques : anis *(Pimpinella anisum),* persil *(Petroselinum sativum),* cerfeuil *(Cerefolium sativum), angélique (Archangelica officinalis),* fenouil *(Fœniculum dulce).*

Le diagramme de la fleur de la carotte

612   Les dicotylédones apétales

Les fleurs de ce groupe ne possèdent pas de pétales

6121 Cupulifères

Type : chêne rouvre *(Quercus robur).*

Caractères généraux.
Les feuilles sont alternes, caduques et simples.

✿
Principaux groupes : ils sont classés d'après la présence ou non de calice dans les fleurs.

■ *Fagacées* : fleurs mâles et femelles avec un calice :
Chêne : *Quercus robur, sessiliflora*
Hêtre : *Fagus sylvatica.*
Châtaignier : *Castanea vulgaris.*

■ *Bétulacées* : calice dans les fleurs mâles ou dans les fleurs femelles :
Corylées : calice dans les fleurs mâles :
Noisetier : *Corylus avellana.*
Charme : *Carpinus betulus.*
Bétulées : calice dans les fleurs femelles :
Bouleau : *Betula verrucosa.*
Aune : *Alnus cordifolia.*
Famille peu nombreuse mais très importante économiquement puisque groupant les principales espèces forestières indigènes.

Les fleurs unisexuées sont portées sur le même arbre et sont réunies en « chatons ». Les chatons mâles sont plus longs, et portent des fleurs plus nombreuses que les chatons femelles.
- Les fleurs mâles comprennent : six sépales en moyenne et cinq à dix étamines.
- Les fleurs femelles sont composées de : dix sépales soudés à l'ovaire et de trois carpelles soudés à deux ovules.

Ces fleurs femelles sont insérées dans une petite coupe : la cupule, d'où le nom de la famille.
- Formule florale : 6 S, 5 à 10 E et 6 S, 3 C.
Les fruits sont des akènes : il n'en reste qu'un sur les trois possibles dans chaque cupule et l'ensemble forme le gland. (✿)

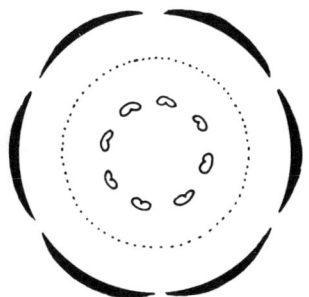

fleur mâle

fleur femelle

Diagrammes du chêne

613 Les dicotylédones gamopétales

Les fleurs de ce groupe possèdent des pétales soudés plus ou moins entre eux.

6131 Solanacées

La famille est assez homogène.
Type : la pomme de terre *(Solanum tuberosum).*

❀
_____

■ **Plantes alimentaires nombreuses :**
Pomme de terre : *Solanum tuberosum.*
Tomate : *Solanum lycopersicum.*
Aubergine : *Solanum melongena.*
Piment : *Capsicum annuum.*

■ **Plantes industrielles :**
Tabac : *Nicotiana tabacum.*

■ **Plantes ornementales :**
Tabac ornemental : *Nicotiana affinis.*
Pétunia : *Petunia grandiflora.*
Schizanthus *Schizanthus wisetonensis.*
Salpiglossus : *Salpiglossus sinuata.*
Datura : *Datura stramonium.*

De nombreuses solanacées contiennent des alcaloïdes :
Tabac : *Nicotiana affinis* : nicotine.
Datura : *Datura stramonium* : daturine.
Belladone : *Atropa belladonna* : atropine.
Strychnos : *Strychnos nux vomica* : strychnine, curare, etc.

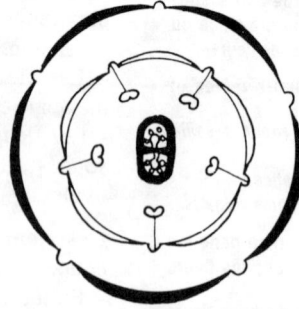

Diagramme de la fleur de la pomme de terre

Caractères généraux

Feuilles composées et alternes.
Tige aérienne et souterraine avec renflements (tubercules).
Fleur régulière possédant : cinq sépales verts soudés, cinq pétales blanc-rosé soudés, cinq étamines fixées sur les pétales, un pistil à deux carpelles à un seul stigmate.
Formule florale : 5 Ss, 5 Ps, 5 Es, 2 C. (❀)

6132 Labiacées

La famille est très homogène.
Type : le lamier blanc *(Lamium album)* appelée improprement : Ortie blanche.

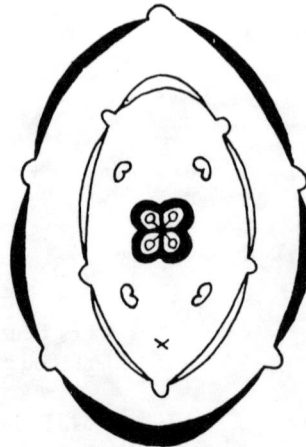

Diagramme de la fleur de lamier blanc

❀

Les plantes de cette famille contiennent presque toutes de nombreuses essences extraites par distillation.

Ces plantes sont naturellement très odorantes : ce sont des plantes aromatiques.

Lavande : *Lavandula spica.*
Menthe : *Mentha viridis.*
Sauge : *Salvia officinalis.*
Serpolet : *Thymus serpyllum.*
Romarin : *Rosmarinus officinalis.*
Thym : *Thymus vulgaris.*

Peu d'espèces sont comestibles :
Crosne du Japon : *Stachys tuberifera*

Certaines sont ornementales :
Sauge : *Salvia officinalis.*

Caractères généraux

Feuilles simples, opposées, velues.

Tige à section carrée (angles renforcés par du collenchyme).

Fleur irrégulière à symétrie bilatérale, tubulaire à deux lèvres (d'où le nom de la famille) : cinq sépales soudés verts, cinq pétales soudés en forme de tube (une lèvre vient de la soudure de deux pétales, l'autre de trois pétales), quatre étamines dont deux plus grandes, ovaire à deux carpelles, chacun divisé en deux parties distinctes.

Le fruit est un tétrakène.

Formule florale : (5 S), (5 P), 4 E, (2 C). (❀)

6133 Composacées

C'est la famille la plus nombreuse.

Diagramme d'une fleur de composacées

Caractères généraux

Chacun des capitules est une inflorescence composée de plusieurs fleurs ou fleurons.

Les fleurs sont placées les unes à côté des autres dans une sorte de réceptacle formé par un élargissement terminal du rameau du capitule.

- Les bractées jouent par rapport aux capitules, le rôle de sépales par rapport à la fleur.
- Les sépales sont réduits à quelques poils.
- Il y a cinq pétales soudés en un tube et qui donne soit des fleurs en tube (chardon) soit des fleurs en languettes : les ligules (pissenlit).
– Cinq étamines à filet libre, mais à anthères soudées entre elles et sur les pétales ; elles forment un tube.

❀

Classification

■ **Toutes les corolles en tube, tubuliflores :**
Chardon : *Carduus nutans.*
Bleuet : *Centaurea cyanus.*
Artichaut : *Cynara scolymus.*

■ **Corolle en tube au centre, en languettes à la périphérie, radiées :**
Marguerite : *Leucanthemun vulgare.*
Chrysanthème :
C hrysanthemum indicum.
Cinéraire : *Senecio cineraria.*
Tagètes : *Tagetes patula.*
Dahlia : *Dahlia hortensis.*
Aster : *Aster amellus.*
Pâquerette : *Bellis perenis.*

■ **Toutes les fleurs en languettes, liguliflores :**
Chicorée : *Cichorium intybus.*
Laitue : *Lactuca sativa.*
Pissenlit : *Taraxacum dens leonis.*
Salsifis : *Tragopogon porrifolius.*

Les composacées ornementales donnent facilement des fleurs « doubles » par transformation des fleurs tubulaires des capitules en fleurs à languettes : chrysanthèmes, dahlias, etc.

– Les fleurs jeunes ont les anthères plus hautes que les stigmates.
- Dans les fleurs adultes, le stigmate monte, passe à l'intérieur du tube formé par les anthères soudées et récolte le pollen.
- Il y a deux carpelles, soudés entre eux, mais un seul ovule se développe.
- Formule florale : O S, 5 P s, 5 E s, 2 C s.

Le fruit est un akène surmonté d'une aigrette de poils (calice persistant). (❀)
Les tissus renferment des canaux sécréteurs et laticifères (essence et latex).

62   Les monocotylédones

Cette classe groupe des végétaux possédant :

■ *Morphologiquement :*
un cotylédon dans leurs graines,
des pièces florales au nombre de trois ou multiple de trois,
un calice pétaloïde,
des feuilles, sans pétiole à nervures parallèles.

■ *Anatomiquement :*
plusieurs cercles concentriques de faisceaux libéro-ligneux,
et de formations secondaires dans les racines et les tiges.

621   Liliacées

Famille nombreuse.
Hétérogène quant à leur appareil végétatif, assez homogène quant à la fleur.

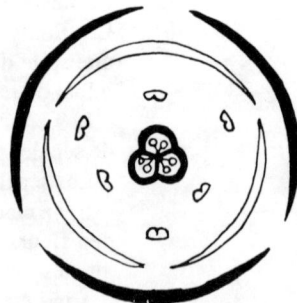

Diagramme de la fleur du lis

❀
_____

Groupes principaux

■ **Plantes bulbeuses :** *tulipées*
Plantes ornementales :
Lis : *Lilium candidum.*
Fritillaire : *Fritillaria imperialis.*
Tulipe : *Tulipa.*
Scille : *Scilla peruviana.*
Jacinthe : *Hyacinthus orientalis.*
Muscari : *Muscari moschatum.*

Plantes potagères :
Ail : *Allium sativum.*
Echalotte : *Allium ascalonicum.*
Oignon : *Allium cepa.*
Poireau : *Allium porrum.*

■ **Plantes rhizomateuses** (fruit en baie) : *asparaginées*
Asperge : *Asparagus officinalis.*
Muguet : *Convallaria majalis.*
Petit houx : *Ruscus aculeatus.*
Aspidistra : *Aspidistra elatior.*

■ **Arbres à tige dressée :** *dracaenées*
Draceana : *Dracaena draco.*
Yucca : *Yucca filamentosa.*
Aloès : *Aloe vera.*

Type : le lis blanc *(Lilium candidum).*

Caractères généraux

Plante vivace se conservant par bulbe écailleux.
Feuilles allongées, à nervures parallèles.
Les fleurs en grappes comprennent : trois sépales libres entre eux, trois pétales libres entre eux.
- Trois carpelles soudés, ovaire supère.
- Six étamines introrses en deux verticilles.
- Les sépales et les pétales sont tous de la même couleur.

Formule florale : 3 S, 3 P, 6 E, 3 C s.
Le fruit est une capsule. (❀)

622 Orchidacées

Cette famille comprend le plus grand nombre de plantes appartenant à la classe des Monocotylédones; Leurs caractères sont remarquablement uniformes.

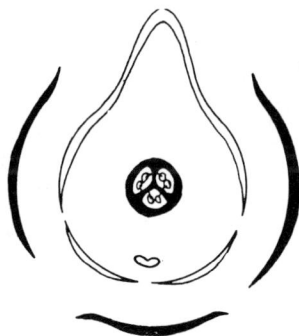

Diagramme de la fleur d'orchis

a) Caractères généraux

Les orchidées de nos espèces européennes sont la plupart terrestres tandis que celles des régions équatoriales sont :
épiphytes (vivant fixées sur les arbres qui leur servent de support) ;
saprophytes (c'est-à-dire vivant sur des matières en décomposition).
Le système radiculaire comprend :
- des racines minces,
- deux racines tuberculeuses, l'une ridée, l'autre non.

Certaines orchidées sont grimpantes.

❁
_____

Par exception à la règle générale de la famille, les *Cypripedium* possèdent 2 ou 3 étamines.
Les autres *Orchidacées* à 1 seule étamine groupent des plantes aux magnifiques fleurs ornementales d'une grande richesse de structure et de couleur : Orchis, Vanda, Cattleya, Odontoglossum, Dendrobium, etc.
Les horticulteurs spécialisés ont obtenu de nombreux hybrides.

b) Appareil reproducteur

Type : l'orchis tacheté *(Orchis maculata)*.
Les feuilles sont alternes à la base de l'épi floral.
La symétrie de la fleur est bilatérale.

- Les trois sépales sont pétaloïdes (ressemblant exactement aux pétales). Ils sont teintés de rose et de blanc.
- Les pétales comprennent deux pétales disposés symétriquement de part et d'autre du sépale supérieur, formant une sorte de casque, et un troisième pétale beaucoup plus grand que toutes les autres pièces du périanthe, en forme d'éperon à la face inférieure de la fleur et appelé labelle.
- L'androcée se compose d'une seule étamine à anthère sessile (❁).
Les grains de pollen sont réunis en une sorte de massue appelée : pollinie. On distingue deux pollinies par étamine.
Le pied de la pollinie est collant ce qui favorise la pollinisation entomophile, les pollinies se fixant sur la tête des insectes lorsqu'ils « visitent » les fleurs.
- Le pistil comprend trois carpelles soudés en une loge.
Le fruit est une capsule.
Formule florale : 3 S, 3 P, 1 E, 3 C s.

c) Physiologie des orchidacées

Noël Bernard a soigneusement étudié le développement particulier de ces plantes.
Suivons cette évolution qui ne peut se faire que grâce à un champignon du type Rhizoctonia, vivant en symbiose avec la plante.

■ *1er stade*. Le champignon symbiotique entre dans la graine et seulement à partir de ce moment, la germination peut s'effectuer.
L'embryon donne naissance à une sorte de tubercule infesté par le champignon qui développera un bourgeon, bourgeon à l'origine de la première racine tubéreuse.

■ *2ème stade*. A la fin de la première année de végétation en juillet, la première racine tubéreuse s'isole du tubercule infesté ; ce dernier ayant épuisé ses réserves se flétrit, la plante n'est provisoirement plus infestée et donnera des organes végétatifs normaux : racines et feuilles.

■ *3ème stade*. En octobre de la même année, la plante à nouveau infestée ne forme plus de racines normales ni de feuilles mais une deuxième racine tubéreuse.

Conclusion . Le développement des Orchidacées est alternatif et possède deux périodes distinctes :

- une période d'isolement où la végétation est normale avec pousse de racines simples, feuilles, fleurs pendant que la plante est indemne de toute vie symbiotique avec un champignon,
- une période d'infection où se développe la racine tubéreuse qui accumulera les matières de réserves utilisables par la suite.

623 Les palmiers

Les plantes de cette famille vivent surtout dans les régions tropicales.

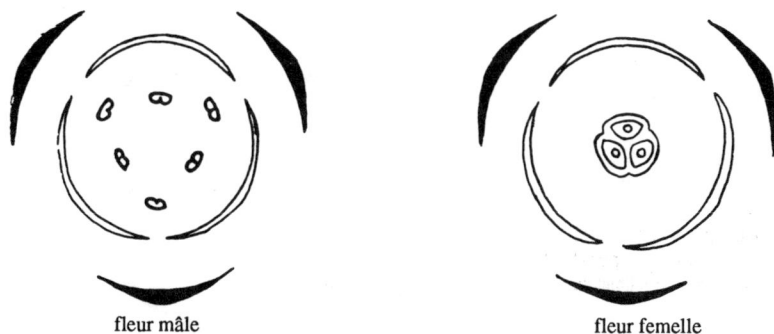

| fleur mâle | fleur femelle |

Du Phœnix

a) Caractères généraux

La tige est un stipe terminé par un bouquet de feuilles très découpées qui peuvent être pennées : dattier (*Phoenix dactylifera*), palmées (*Chamaerops excelsa*).

Les fleurs unisexuées sont portées par des arbres mono-ou dioïques, réunies en grappes naissant à la base des feuilles.

Formule florale : 3 S, 3 P, 6 E, et 3 S, 3 P, 3 C s (un seul ovule sur les trois reste).

Le fruit est une baie ou une drupe. (❀)

❀
_____

■ **Usages alimentaires :**
Datte : *Phoenix dactylifera.*
Noix de coco : *Cocos nucifera.*

■ **Usages industriels :**
Cire : sur feuille
Rotin : Tige
Fibre : Nervures des feuilles.

624 Les graminées

La famille est très homogène.
Type : blé *(Triticum sativum).*

a) Caractères généraux

Racines fasciculées peu profondes.
Tige (ou chaume) non ramifiée, creuse, verticale, rigide, cylindrique, renflée au niveau des nœuds, cloisonnée à ces nœuds.

❋
___

Il existe de nombreuses graminées alimentaires cultivées pour leurs graines :
Avoine : *Avena sativa.*
Blé : *Triticum sativum.*
Maïs : *Zea Mays.*
Orge : *Ḥordeum vulgare.*
Riz : *Oryza sativa.*
Seigle : *Secale cereale.*

La canne à sucre *(Saccharum officinarum)* renferme du sucre dans la moelle de sa tige.

D'autres graminées ont un usage industriel :
Roseau : *Ammophila arenaria.*
Bambou : *Bambusa vulgaris.*

Certaines sont ornementales :
Bambou : *Bambusa metake.*
Gynerium : *Gynerium argenteum.*

Enfin, les graminées sont la base de la constitution des prairies et gazons.
Les paysagistes utilisent des mélanges étudiés en rapport avec l'usage, le sol, le climat du futur gazon, compositions où rentrent entre autres :
Agrostide *(Agrostis tenuis),* Fétuque *(Festuca ovina),* Fléole *(Phleum pratense),* Paturin *(Poa protensis),* Ray-grass *(Lolium italicum).*

Feuilles alternes insérées à la surface de la tige sur deux rangées opposées.
Les fleurs sont groupées en épi composé. Les épis secondaires sont appelés épillets. A la base de chaque épillet, se trouvent deux glumes (protection), deux glumelles (les bractées) et deux glumellules (les sépales).
Il n'y a pas de pétales.
La fleur comprend ensuite les parties essentielles suivantes :
- trois étamines (3 E) pendantes,
- un ovaire arrondi à un carpelle (1 C).

Le fruit (grain de blé) est un caryospse.
L'albumen est farineux (amidon). (❋)

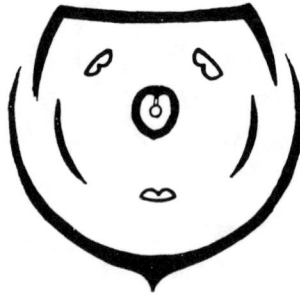

Diagramme de la fleur d'une graminée

Chapitre 9
Géographie botanique et écologie

La géographie botanique et l'écologie ont pour but d'étudier les plantes dans leur milieu naturel.

Tous les végétaux subissent alors l'action de divers facteurs.

Nous citerons :
- l'eau,
- la lumière,
- la température,
- le vent,
- le sol.

Face à chacun de ces facteurs, la plante peut réagir différemment :

a) les conditions naturelles peuvent être satisfaisantes, ou elles peuvent être telles qu'elle devra s'adapter.
Dans ces deux cas, la végétation de telle espèce est possible.

b) les conditions naturelles peuvent être trop difficiles.
Dans ce cas, la végétation d'une espèce donnée est impossible.

1

Etude distincte des facteurs du milieu et adaptation des végétaux à chacun d'eux

11   L'eau

Elle est « raisonnablement » indispensable à la plante (voir chap. « Physiologie »).
Le milieu naturel, peut :
- soit manquer d'eau : milieu sec,
- soit avoir un excès d'eau : milieu humide.

111   Milieu sec

Cas des sables : déserts, dunes.
Cas des surfaces rocheuses : certaines montagnes.
Cas des eaux glacées : eau inutilisable.
Cas des eaux « chargées » : eau salée.
Les plantes réagissent soit :

a) En emmaganisant des stocks d'eau : tige de Cereus, feuille de Sedum,

b) En accroissant l'absorption d'eau : développement du système radiculaire en profondeur (vers l'eau disponible en augmentant le volume de terre explorée),

c) En réduisant l'évaporation de l'eau :
- réduction des feuilles : conifères, bruyère, genêt ;
- feuille coriace : laurier, chêne vert ;
- mouvement des feuilles... ;
- et même nanisme du végétal.

d) En adoptant un cycle de végétation rapide : quelques mois au moment des meilleures conditions extérieures.
Parfois, les feuilles tombent à la mauvaise saison : espèce caduque.
En France, la mauvaise saison (sèche pour les plantes) est en hiver et les végétaux perdent leurs feuilles. Rentrés en serre, ils continueraient leur végétation.
Notons que dans ce cas, la sécheresse n'est pas seule responsable.

112 Milieu humide

Cas des plantes aquatiques : nénuphar, cresson de fontaine.
La transpiration est supprimée donc pas de stomate.
L'eau « porte » la plante donc pas de tissu de soutien.
Mais la plante doit « flotter » donc cavités d'air nombreuses.

12 La température

Chaque plante possède ses températures minimum et maximum de végétation, limites différentes selon son lieu d'origine.
Les températures inférieures à 0° amènent la congélation des parties herbacées non protégées.
Les températures élevées déclenchent les mêmes symptômes que la sécheresse.
Les végétaux s'adaptent aux conditions de température de la même façon qu'il l'ont fait pour résister à la sécheresse (voir chap. 11 1 § 9).

13 La lumière

Elle est indispensable aux végétaux pour assurer leur photosynthèse.
En dehors du fait qu'il existe des plantes d'ombre et de soleil, (voir « Physiologie), deux plantes de la même espèce exposées l'une à l'ombre, l'autre au soleil, ne se développeront pas de la même façon.
A l'ombre, les plantes ont tendances à s'étioler.
En pleine lumière, les plantes s'adaptent comme elles le font, face à la sécheresse.

14 Le vent

Dans les conditions les plus difficiles, les végétaux résistent plus ou moins bien aux vents violents par le nanisme.
Dans les cas exceptionnels, la végétation est totalement supprimée.

15   Le sol

Les végétaux réagissent sur deux points de vue principaux.

151   Au point de vue physique, les sols peuvent être
plus ou moins : humiques, sableux, calcaires, argileux.
(Voir le cours d'« Agrologie »).

152   Au point de vue chimique, les sols peuvent être
plus ou moins : acides, basiques. (Voir le cours
d'« Agrologie »).
Dans les deux cas, il est évident que de ces conditions
découle la possibilité de végétation pour telle ou telle
espèce végétale.
Nous rencontrerons alors, par exemple :
- des plantes à terre de bruyère pour les sols humiques,
acides,
- des porte-greffes de vigne résistant dans les sols calcaires, basiques,
- des tamaris végétant au bord de la mer, dans des sols
et une ambiance plus ou moins salés.

2

Répartition géographique des végétaux

L'ensemble des facteurs étudiés, se trouve combiné
dans des proportions différentes selon le lieu géogra-
phique considéré.

21   La flore terrestre

Sur un plan général, la flore terrestre est une indication
intéressante pour l'horticulteur, puisque lui donnant, de
par l'origine de la plante, ses conditions de culture
naturelle.

211   Plantes des régions équatoriales

Le climat est chaud et humide et les pluies sont abondantes, accompagnées d'une forte hygrométrie.
La végétation est intense et les sous-bois sont obscurs.
Flore : fougères, orchidacées.

212   Plantes des régions tropicales

Ces régions sont caractérisées par une alternance des pluies.
- en hiver, c'est la saison sèche,
- en été, c'est la saison des pluies.

La végétation suit ce cycle d'alternance.
Flore : apparaissent les végétaux caduques.

213   Plantes des régions subtropicales

Ces régions, où l'on note des températures élevées mais aussi assez basses, traversent de grandes périodes de sécheresse.
La végétation est celle des « déserts ».
Flore : les plantes grasses.
Dans ces déserts, on rencontre des points d'eau qui ont permis le développement des oasis.
Flore : palmiers, orangers *(Citrus sinensis)*, figuiers *(Ficus carica)*, etc.

214   Plantes des régions tempérées

2141 A prédominance sèche, c'est le climat méditerrannéen que nous connaissons en France sur la Côte d'Azur.
Flore : laurier *(Laurus nobilis)*, chêne vert *(Quercus ilex)*, olivier *(Olea europea)*.

2142 A prédominance humide, c'est le climat de la France (Voir chap. 9-22).

215   Plantes des régions polaires

Les plantes résistent au froid, à la sécheresse, par le nanisme, puis seuls, les lichens et mousses végètent, dernières traces de végétation.

22   *La flore française*

La France se situe donc dans la zone tempérée, humide.
Cependant, la végétation dans son ensemble subit d'autres influences.

221   Influence maritime

Région Ouest de la France avec une forte pluviométrie et des écarts thermiques modérés entre l'été et l'hiver.
Flore : chêne pédonculé *(Quercus robur)*, hêtre *(Fagus sylvatica)*, pin maritime *(Pinus pinaster)* et en terrains plus humides : peuplier *(Salix alba)*, etc.

222   Influence continentale

Région Est de la France avec des grands écarts thermiques entre l'été et l'hiver.
Flore : surtout les conifères : pin *(Pinus sylvestris)*, sapin *(Picea excelsa))*.

223   Influence de la montagne

Régions du Centre et surtout des Vosges, du Jura, des Alpes, des Pyrénées où il est intéressant de suivre l'évolution de la végétation au fur et à mesure que l'altitude augmente car parallèlement, les températures moyennes diminuent, les écarts thermiques s'accentuent, la pluviométrie augmente.
Ces caractéristiques sont les mêmes, qu'au fur et à mesure qu'en latitude, on se rapproche des régions polaires.
Flore : elle dépend donc de l'altitude :

a) dans la plaine, ce seront les cultures normales ;

b) puis les forêts apparaissent et persistent jusqu'à 1 500- 2 000 mètres. On rencontre d'abord les chênes *(Quercus robur)*, puis les hêtres *(Fagus sylvatica)*, ensuite les bouleaux *(Betula verrucosa)*, enfin les conifères ;

c) puis viennent les arbres nains ;

d) enfin les lichens.

❀
_____

**Les connaissances écologiques
sont essentielles aux horticulteurs car elles leur permettent
d'adapter leurs techniques culturales aux besoins réels de la
plante.**
Par exemple : plante à jour court,
à température nocturne basse, à
sol acide, etc.

224 Influence régionale de la zone tempé-
rée sèche : cas du littoral méditerranéen où
peuvent végéter :

Flore : oranger *(Citrus sinensis)*, citronnier *(Citrus limon)*, mimosa *(Acacia dealbata)*, chêne-liège *(Quercus suber)*, etc. (❀)

Bibliographie

Le bon jardinier. 2 volumes. nouvelle édition 1987. Flammarion.

Coutanceau. *Encyclopédie des jardins*. 1973. Larousse.

La vie étrange des fleurs de Jaeger. 1959. Horizons de France.

Les manipulations de botanique de Genèves. 1962. Dunod.

Sciences naturelles de Chadefaud et Régnier. 1961. Delagrave.

Moreau. *La vie des plantes de Guillaumin*. 1961. Larousse.

Valdeyron. *Génétique et amélioration des plantes*. 1961. J.-B. Baillière.

P. Jean-Prost. *La botanique agricole, applications agricoles et horticoles*. 2 volumes. 5ᵉédition, 1980.

R. Bossard et P. Cuisance. *Botanique et techniques horticoles*.1977. J.-B. Baillière.

H. Vidalie. *La culture* in vitro *et ses applications horticoles*. 3ᵉ édition, 1989. Technique et Documentation (Lavoisier).

L'IMPRESSION ET LE BROCHAGE DE
CE LIVRE ONT ÉTÉ EFFECTUÉS PAR
JOUVE, 18, RUE SAINT-DENIS, 75001
PARIS POUR LE COMPTE DES ÉDITIONS
TECHNIQUE ET DOCUMENTATION
ACHEVÉ D'IMPRIMER LE 24 NOVEMBRE
MIL NEUF CENT QUATRE-VINGT-NEUF.
N° 12445 - DÉPÔT LÉGAL NOVEMBRE 1989
IMPRIMÉ EN FRANCE